Viktoria Schwenger
Meine Bergheimat

W0053939

Christl Seebacher in ihrem langjährigen Reich.

Viktoria Schwenger

Meine Bergheimat

Eine Hüttenwirtin erzählt

rosenheimer

Dieses Buch beruht auf den Erinnerungen von
Christl Seebacher, Oberaudorf. Die Originalausgabe
erschien unter dem Titel: »Herzlich willkommen«.

© 2011 Rosenheimer Verlagshaus GmbH & Co. KG,
Rosenheim
www.rosenheimer.com

Lektorat und Satz: VerlagsService Dr. Helmut Neuberger &
Karl Schaumann GmbH, Heimstetten
Titelfoto: Klaus G. Förg, Rosenheim
Druck und Bindung: CPI Moravia Books s.r.o.
Printed in Czech Republic

ISBN 978-3-475-54106-3

Inhalt

1. Kapitel

So kommt die Jungfrau zum Kind 7

Wie ich Hüttenwirtin geworden bin

2. Kapitel

Mein Haus ist meine Burg 18

Das Brünnsteinhaus früher und heute

3. Kapitel

In den Bergen wohnt die Freiheit 35

Die Alpenvereinsbewegung und ihre Mitglieder

4. Kapitel

Viele Wege führen zum Brünnsteinhaus 51

Wege, Klettersteige und eine Rodelbahn

5. Kapitel

Essen und Trinken hält Leib und Seel'

zusammen 65

Wie ich doch noch das Kochen gelernt habe

6. Kapitel

Menschliches und Allzumenschliches 79

Was ich mit Gästen erlebt habe

7. Kapitel

Ohne Zusammenstand geht nichts. 103

Von guten Freunden und hilfreichen Geistern

8. Kapitel

Auf der Alm, da gibt's koa Sünd 115

Von Almen und Hütten, Jägern und Sennerinnen

9. Kapitel

Lawinen, Blitz und Feuerwerk 131

Vom Menschen und den Naturgewalten

10. Kapitel

Kindermund tut Wahrheit kund! 143

Hüttenwirtin und Mutter

11. Kapitel

Alles hat ein Ende 155

Abschied vom Brünnsteinhaus

Nachwort 159

1. Kapitel

So kommt die Jungfrau zum Kind

Wie ich Hüttenwirtin geworden bin

Nie im Leben hätte ich, als ich jung war, daran gedacht, dass ich einmal Hüttenwirtin werden würde.

Ich war 21 Jahre alt, als ich meinen Mann, den Hans, geheiratet habe. Er war Bäcker, und dementsprechend wurde er der »Bäcker-Hans« genannt. Das hieß für ihn früh, manchmal mitten in der Nacht aufzustehen, und der Verdienst war so gering, dass wir, trotz aller Sparsamkeit, gerade damit ausgekommen sind. Ich habe an den Wochenenden als Bedienung ein bisschen etwas dazuverdient.

Der Hans war Mitglied bei der Bergwacht von Oberaudorf, und die hatte ihre Diensthütte droben auf dem Brünnstein, einem markanten Berggipfel im oberen Inntal, kurz vor der Grenze zu Österreich.

Zu seinen Füßen liegt Oberaudorf, ein malerischer Ort wie aus einem bayrischen Bilderbuch. Es ist ein Fremdenverkehrsort mit behäbigen Gasthäusern und schönen Hotelbauten im alpenländischen Stil, viele verziert mit Lüftlmalerei, wie's bei uns üblich ist. Den Kern bildet der Dorfplatz mit der ursprünglich spätgotischen Kirche, die später barockisiert wurde und den für die

Gegend typischen Zwiebelturm erhielt. Dort haben wir damals gewohnt.

Es war an Kirchweih, einem der großen katholischen Feste in Bayern, das traditionell am dritten Oktoberwochenende gefeiert wird. Herrliches Wetter war angesagt, ein richtig schönes Bergwochenende stand uns bevor. Der Hans, unsere kleine Tochter Johanna und ich machten ein paar Tage Urlaub auf besagter Bergwachthütte. Da kam eines Morgens der Hans Bichler, der damalige Hüttenwirt des Brünnsteinhauses, des Weges.

Eine seiner Hilfen droben war ausgefallen, und da er wusste, dass ich gelegentlich als Bedienung arbeitete, fragte er mich, ob ich denn ihm und seiner Frau, der Juli, aushelfen könne. So bin ich zum ersten Mal zum Arbeiten in das Brünnsteinhaus gekommen, das ich bis dahin nur von Bergtouren her gekannt hatte.

Ich bin gleich zwei Tage oben geblieben. Es waren zwei lange, harte Tage, denn einen »Schichtbetrieb« gibt es auf einer Hütte nicht. Da geht es rund, von morgens früh bis spätabends, wenn die letzten Gäste gegangen sind oder in ihren Betten liegen. Trotzdem hat es mir gut gefallen. Ich habe bedient und mich an dem lockeren, freundlichen Umgangston gefreut, der dort oben am Berg geherrscht hat.

»Mit dir ist gut arbeiten, magst nicht öfters kommen?«, hat mich die Juli, die Wirtin, schon nach dem ersten Arbeitstag gefragt. Ich hab spontan zugesagt, und so ist mir der Arbeitsplatz geblieben. In den nächsten zwei Jahren bin ich von Pfingsten bis zum Saisonende an den Wochenenden und zusätzlich an Silvester droben auf dem Brünnsteinhaus gewesen. Wenn es auch oft viel Arbeit war, so hat mir der Umgang mit den Wirtsleuten und den Gästen doch recht gut gefallen. Auf meine kleine Tochter Johanna, die damals um die drei Jahre alt war, hat meine Schwägerin aufgepasst oder der Hans, wenn er nicht arbeiten musste oder mit der Bergwacht unterwegs war.

Am Samstagvormittag kam der Wirt hinunter nach Oberaudorf zum Einkaufen und hat mich mit hinaufgenommen. Das Auto, ein »Haflinger«, war meist so voll gepackt, dass für mich kein eigener Platz mehr frei war. So saß ich eingezwängt zwischen Rucksäcken, Kisten und Säcken im Auto, meistens noch irgendeine Kiste oder den kleinen Buben der Wirtsleute auf dem Schoß. Der Weg hinauf war damals noch sehr schlecht und holprig, und bis wir oben anlangten, waren wir gründlich durchgeschüttelt. Es waren zuweilen abenteuerliche Fahrten auf dem schmalen Weg, aber ich hab' eigentlich nie Angst gehabt.

Meine Hauptaufgabe war das Bedienen der Gäste, aber auch für alle anderen notwendigen Tätigkeiten wurde ich eingesetzt. Sonntagabend und Montagvormittag wurde gründlich geputzt. Ich war für die Gaststube und die Veranda zuständig: Die schönen Tischplatten aus Ahornholz waren mit Scheuersand zu bürsten, um Rotwein- und Fettflecken zu entfernen, die alten Holzböden mussten geschrubbt, die Blumen gegossen, kurzum die Gaststube wieder auf Vordermann gebracht werden.

Für unsere kleine Familie war es ein schönes Zubrot, die Arbeit machte mir immer Freude, und mit den Wirtsleuten und den anderen Hilfskräften kam ich jederzeit gut zurecht.

Eines Tages, es war an einem Sonntagvormittag – ich weiß es noch wie heute –, saß ich in der Gaststube und wickelte das Besteck fürs Mittagessen in Servietten.

In der Küche draußen arbeiteten die Juli und ihre Schwägerin, die Moidl, und unterhielten sich nebenbei. Da hörte ich, wie mitten im Gespräch plötzlich mein Name fiel. Natürlich habe ich die Ohren gespitzt wie ein Luchs, und als wiederum von mir und auch vom Hans, meinem Mann, die Rede war, ging ich resolut hinaus und fragte, was denn los sei, warum und was denn über uns geredet würde.

Da erfuhr ich, dass die Bichlers den Brünnstein verlassen wollten. Sie hatten zu jener Zeit das Brünnsteinhaus bereits elf Jahre lang bewirtschaftet, und jetzt war ihnen ein Café zum Kauf angeboten worden, die »Waldklause« am Auerbach drunten. Man war auf der Suche nach Nachfolgern für das Brünnsteinhaus.

»Das wäre doch was für euch, für dich und den Hans«, meinte die Juli.

»Ich? Hüttenwirtin?«, wehrte ich entsetzt ab. »Das kommt überhaupt nicht in Frage für mich! Niemals! Ich kann doch gar nicht kochen!«

»Ach, das lernst' schon, ich hab' es ja auch gelernt«, meinte die Juli leichthin, und auf alle meine weiteren Einwände hatte sie ebenfalls eine jeweils passende Erwiderung.

»Schau, Christl! Wir lassen alles so da, wie es ist, das Geschirr und das andere Zeug auch. Das macht euch den Anfang schon leichter.«

Die Juli erinnerte sich. »Weißt, als wir vor elf Jahren hier heraufgekommen sind, war alles viel schlechter als heute. Mein Hans und ich haben viel gearbeitet hier oben und möchten das Haus in gute Hände übergeben, und du und dein Hans, ihr wärt genau die Richtigen dafür. Es soll alles so weitergehen wie bisher, und ihr zwei, ihr packt es schon. Da sind wir uns ganz sicher! Das wär' genau das Richtige für euch.«

So ging das eine ganze Weile hin und her, aber die Juli konnte mich nicht recht überzeugen.

Am Abend hab' ich's dem Hans erzählt, und dem hat die Idee gleich gefallen. In seinem erlernten Beruf als Bäcker sah er keine rechte Zukunft, der Verdienst war zu gering, und dann das frühe Aufstehen … Den Wecker hat er nur zu gerne überhört in der Nacht, und da er sowohl dem Alpenverein als auch der Bergwacht angehörte, war für ihn das Leben in den Bergen und auf einer Hütte nichts Neues, im Gegenteil, es war seine Welt und es hat ihm gefallen!

»Zehn bis elf Jahre, Christl, wie die Bichlers! Das geht schnell vorüber! Wir sind noch jung, und dann können wir uns vielleicht auch ein Café leisten, drunten im Tal!«

Ja, das wäre etwas, ein eigenes Café! Luftschlösser zu bauen, ist erlaubt und – was wäre das Leben ohne Träume, vor allem wenn man jung ist!

»Aber kochen sollte man schon können, Hans!«, wandte ich ein. »Und dann die Johanna! Wie soll sie einmal von dort droben in die Schule kommen?«

Da waren sie wieder, meine Tausend Bedenken. Viele davon waren sicher auch berechtigt, doch allmählich keimte auch ein bisschen Freude in mir auf, denn mit Menschen umzugehen, das hat mir schon immer gut gefallen.

Dem Hans Randl, dem Anführer der Bergwachtbereitschaft Oberaudorf, und seiner Frau Erna erzählten wir von dem Angebot, Wirtsleute am Brünnstein zu werden, und auch von meinen Zweifeln, vor allem wegen meiner mangelhaften Kochkenntnisse.

Doch die Frau Randl lachte nur und meinte: »Geh, Christl, das ist doch gar nicht schwer. Das lernst du schnell, und wenn du willst, komm' ich am Anfang mit hinauf und bring's dir bei.«

Nachdem sich auch meine Schwiegermutter bereit erklärt hatte, die Johanna unter der Woche bei sich aufzunehmen, sobald sie in die Schule gehen musste, waren meine stärksten Einwände entkräftet.

Da hab' ich endlich eingewilligt, wenn auch mit vielen Bedenken:

Mir graute auch vor den langen Wintern dort oben. Der derzeitige Wirt kam zwar gelegentlich hinunter ins Tal, aber die arme Juli, die war die ganzen Wintermonate droben am Berg. Doch auch für den Wirt war es schwierig, hinunterzugelangen, denn es war nicht ungefährlich, mit den Skiern bis ins Tal abzufahren. Es gab keine Piste, sondern er musste den gesamten Weg im Tiefschnee bewältigen, teilweise durch den Wald. Noch dazu war er, weiß Gott, kein begnadeter Skifahrer, und so manches Mal kam er erschöpft und recht lädiert im Tal an.

Die Juli hingegen, die war dort oben wie abgeschnitten von der übrigen Welt. Bis auf die wenigen Gäste, die im Winter hinaufkamen, und die zwei Dienst habenden Männer von der Bergwacht, die am Wochenende die Zeitung und die Post der ganzen Woche brachten, sah sie keine Menschenseele.

Ich hatte große Zweifel, ob ich das aushalten könnte. Aber auch da hat mich der Hans beruhigt.

»Das mit dem Hinunterkommen wird immer leichter. Ich bau' den Weg Stück für Stück aus, und der Bichler Hans überlässt uns den ›Haflinger‹. Wirst sehen, Christl, es geht besser, als du denkst.«

Da ließ ich mich endlich zu dem Abenteuer überreden. Für zehn Jahre, aber nicht länger! Das machte ich zur Bedingung!

Für den 1. Mai 1968 war unser Einstand geplant, nachdem auch die Vorstandschaft des Alpenvereins einverstanden war mit dem Hans und mir als künftigen Hüttenwirten.

Der Hans hat gleich seinem Dienstherrn erzählt, dass wir die Bewirtschaftung des Brünnsteinhauses übernehmen würden, und da kam schon die erste böse Überraschung: Ihm wurde gekündigt!

Einen Kündigungsschutz, wie er heute als selbstverständlich gilt, gab es damals nicht. Eine neue Stelle hat der Hans nicht bekommen, denn wer stellt schon einen Bäcker ein, der bereits vor der Sommersaison wieder zu arbeiten aufhört?

So sind wir buchstäblich mit der letzten Mark, die wir hatten, auf dem Brünnsteinhaus angekommen. Das Geld hat gerade noch gereicht, um für den ersten Tag frische Lebensmittel einzukaufen! Daran denke ich heute noch oft!

Zum Glück sind die alten Hüttenwirte, die Bichlers, recht hilfreich gewesen. Sie freuten sich, dass der Hans und ich das Brünnsteinhaus übernehmen wollten, und waren sehr daran interessiert, dass die Übergabe reibungslos vonstatten ging. Einige Sachen aus unserer Wohnung, die sie brauchen konnten, wurden angerechnet auf Inventar, das wir von ihnen übernahmen. Über den Rest unterschrieben wir einen Schuldschein, den wir nach und nach abgezahlt haben. Diesen Schuldschein habe ich heute noch als Erinnerung an den damaligen, harten Anfang.

Unser neues Leben als Hüttenwirte rückte näher! In den Wochen zuvor hatte es geschneit, und wir mussten den Weg, im Winter immerhin an die drei Stunden zu Fuß, teilweise von Hand freischaufeln, damit man mit dem Haflinger hin und herfahren konnte. Am Tag zuvor hatten wir unsere letzten Sachen hinaufgebracht und die Bichlers ihrerseits ihre Habe gepackt. Mein Mann, der Hans, hat sie mit dem Geländewagen hinuntergebracht zum Auerbach.

Es war schon bewegend für die beiden, von dem Ort Abschied zu nehmen, an dem sie so lange Jahre gewirkt hatten. Auch ich hatte Tränen in den Augen, als ich ihnen nachwinkte, und ich fühlte die Bürde der Verantwortung, die ich auf mich genommen hatte, wie einen schweren Rucksack.

Trotzdem freute ich mich auch auf meine neue Aufgabe. Ich hatte mir fest vorgenommen, eine gute Hüttenwirtin zu werden und ein offenes, gastliches Haus für die vielen Wanderer, Bergsteiger, Einheimischen und Sommergäste zu führen. Ein Haus sollte es sein, in dem sich alle wohl fühlen wie daheim und in das sie immer gerne wiederkommen.

Der Bichler Hans ist schon zwei Jahre später gestorben. Von dem Café, auf das sie so stolz waren, hat er nicht mehr viel gehabt. Ich glaube, er hat seine tödliche Krankheit bereits gespürt. Am Ende seiner Zeit auf dem Brünnstein war er oft schon von der Fahrt hinauf mit dem Haflinger und vom Be- und Entladen so erschöpft, dass er nicht mehr weitermachen konnte und sich in der Küche hinlegen musste. Da hat er schon gelegentlich gehört, wie Gäste gesagt haben:

»Der Wirt ist ganz schön faul, der liegt am helllichten Tag auf dem Kanapee.« Ungerecht war das, aber als Wirt muss man in den Augen der Gäste immer tätig sein. Man darf sich keine Ruhe gönnen, und wenn man sie noch so nötig hätte. Später habe ich ähnliche Erfahrungen machen müssen.

Es war für den Hans und mich die erste Nacht auf dem Brünnsteinhaus, und ich hab' vor Aufregung lange nicht einschlafen können. Tausend Gedanken schossen mir durch den Kopf, und plötzlich fiel mir siedend heiß ein, dass wir nicht an Wechselgeld gedacht hatten! Mein Gott! Ich betete im Stillen, dass morgen keiner mit einem Hundert-Mark-Schein käme – ich hätte ihm nicht wechseln können!

Der 1. Mai 1968 war ein Feiertag mit wunderschönem Bergwanderwetter!

Hans wollte gleich morgens mit dem Auto hinunter ins Tal, um die Frau Randl zum Kochen zu holen. Da läutete das Telefon. Die Nachricht war schrecklich: Frau Randl berichtete weinend, dass ihre Tochter in der Nacht zuvor einen schweren Autounfall erlitten hatte. Was für ein schreckliches Unglück die Familie getroffen hatte, wurde erst im Laufe der nächsten Wochen klar, denn die arme Frau sitzt seither querschnittsgelähmt im Rollstuhl!

Doch auch für mich war es wie eine Katastrophe! Das, wovor ich mich am meisten gefürchtet hatte, war jetzt eingetreten: Ich stand allein in der Küche, und durch das Fenster sah ich mit Schrecken, wie die Wanderer buchstäblich heraufströmten! Nach kurzer Zeit waren alle Tische besetzt. Aber wenn etwas gehen muss, dann geht es auch! Diese Erfahrung habe ich in meinem Leben später noch oft gemacht.

Schnitzel ausbacken und Bratkartoffeln braten konnte ich, und die obligatorische Alpenvereinsmahlzeit, Erbsensuppe mit Würstel, beherrschte ich auch ganz gut. Alles andere, Brotzeit und Kuchen, war vorbereitet und musste nur angerichtet werden. Eine große Speisekarte war auf der Hütte ohnehin nicht üblich.

Zu unserem Glück kam uns der Wendlinger Franz zu Hilfe, ein guter Freund, der noch lange Jahre sozusagen als »Mann für alles« bei uns war und quasi zur Familie gehörte. So waren der Hans und ich nicht ganz allein. Trotz des starken Andrangs an Gästen lief es besser als erwartet. Im Übrigen kam ich vor lauter Arbeit ohnehin nicht mehr zum Nachdenken.

Am Abend, als die Gäste fort und wir wieder allein waren, haben wir den ersten Kassensturz gemacht. 400 Mark Umsatz hatten wir gemacht! War das viel Geld! Ich sah das eigene Café in meinen Träumen schon näher rücken! Wir hatten unseren Einstand gut gemeistert, und von dem, was uns in den kommenden Jahren noch alles bevorstehen würde, ahnten wir an diesem Tag nichts. Gott sei Dank!

Mehr als dreißig Jahre später, als ich mit dem Hans nach einem langen Arbeitstag todmüde auf der Hausbank saß, sagte ich: »Weißt du noch, Hans? Zehn Jahre gehen wir auf den Brünnstein, hast du damals gesagt, und jetzt sind wir immer noch da!«

Da sah mich der Hans von der Seite an und meinte verschmitzt: »Schau, Christl! So halt' ich meine Versprechen: doppelt und dreifach!«

Ein beliebtes Souvenir an eine Wanderung auf den Brünnstein war die Postkarte des Brünnsteinhauses vom Deutschen Alpenverein.

2. Kapitel

Mein Haus ist meine Burg

Das Brünnsteinhaus früher und heute

Natürlich war das Brünnsteinhaus nie mein Eigentum, und doch hab' ich es im Laufe der langen Jahre, in denen wir dort gelebt und so viel Arbeit und Mühe hineingesteckt haben, »mein Haus« genannt. Es war mir einfach sehr ans Herz gewachsen, als wir es nach 33 Jahren verlassen haben. Immerhin waren der Hans und ich von allen Pächtern, die es in seiner langen Geschichte als Hüttenwirte bewirtschaftet haben, am längsten droben.

Das Brünnsteinhaus ist 1894 erbaut worden und hat demnach heute mehr als 100 Jahre auf dem Buckel. Zu jener Zeit begann man, die Alpen zu erschließen, die bis dahin fast unberührt dastanden. Lediglich vereinzelte Almen für das Vieh und die Senner hatte es gegeben. Mit dem Aufkommen des organisierten Alpinismus wurden mehr und mehr Hütten und Unterkunftshäuser gebaut, darunter auch das Brünnsteinhaus.

Zum hundertjährigen Bestehen des Hauses hat die Alpenvereinssektion Rosenheim, der das Haus gehört, eine Festschrift herausgegeben, und darin wird berichtet, wie es seinerzeit zum Bau des Hauses kam.

Es war der königliche Bezirksarzt Dr. Julius Mayr, der damalige Mann an der Spitze der Alpenvereinssektion Rosenheim, der die Idee hatte, ein eigenes Sektionshaus zu bauen, und von vorneherein kam für ihn nur der Brünnstein in Frage:

»Hoch über dem Innthale aufragend und dieses beherrschend, bietet der Brünnstein eine weite Schau, vom Thale bis zu den eisigen Gletscherhöhen am Horizonte«, heißt es im damals üblichen pathetischen Ton.

Dass der Talort Oberaudorf seinerzeit bereits eine Bahnstation aufwies und ferner die Anlage einer Rodelbahn möglich war, die auch im Winter Besucher anlocken würde, waren weitere Argumente, die für den Brünnstein sprachen.

Eine gastliche Stätte mit einer freundlichen Wirtin war gefragt, da man »bisher gezwungen ist, nach stundenlangem Auf- und Absteigen in Schluchten und steilen Hängen in das Heu einer Almhütte zu kriechen, der Gnade einer Sennerin ausgeliefert, die über solchen Besuch oft wenig erbaut ist, weil sie vielleicht einen lieber gesehenen Gast erwartet.« So klagte einst der besagte Dr. Mayr.

Das sollte sich nun ändern! Doch die guten Vorsätze waren mit Steinen, im wahrsten Sinne des Wortes, gepflastert, und viele Hindernisse mussten aus dem Weg geräumt werden.

Als endlich ein passender Standort auf einem kleinen Plateau in 1342 Metern Höhe unter dem Gipfel des Brünnsteins gefunden und die schwierige Frage des Grund- und Wegerechtserwerbs gelöst war, stand der Verein vor einem weiteren drängenden Problem: der Wasserversorgung.

Zwar gab es eine Quelle oberhalb des Bauplatzes, aber die Wasserleitung musste über den Grund der Himmelmoosalpe geführt werden, und da hatte man die Rechnung ohne einen der Besitzer, »Herrn Comerzienrath« Sedlmeier aus Berlin, gemacht, der nicht bereit war, diese Rechte abzutreten. »Wegen Störung der Jagd«, ließ er herablassend ausrichten.

Schließlich und endlich bekam man die Einwilligung doch, sonst hätte man das Wasser von einer weiter unten am Berg sprudelnden Quelle mit Mulis (!) zum Haus hinauftransportieren müssen. Man stelle sich vor – eine bewirtschaftete Berghütte und Wirtschaftsgebäude ohne Wasser!

Am 15. November 1893 wurde dann endlich der Grundstein für das geplante, in massiver Steinbauweise errichtete Haus gelegt, und für den 31. Juli 1894 war die Fertigstellung angekündigt – ein kühnes Unterfangen, wenn man bedenkt, dass meist von November bis April eine dichte Schneedecke auf dem Brünnstein liegt.

Aber das schier Unmögliche gelang! Eine unglaubliche Leistung, wenn man das unwegsame Gelände kennt und bedenkt, dass es seinerzeit nicht die Maschinen gab, die heute auf jeder Baustelle selbstverständlich sind. Tatsächlich fand am 12. August 1894 die feierliche Eröffnung des neuen Hauses als »Heimstätte für Bergfreunde« statt.

Es regnete in Strömen. Trotzdem stiegen eine Menge Leute hinauf, und es bot sich ihnen ein prächtiges Bild, wie der Chronist erzählt:

»Das Haus war reich geschmückt, Fahnen grüßten weit hinaus ins Land, Böller knallten, die Musik spielte, und da sich auch der Himmel aufzuhellen begann, entwickelte sich sogleich ein lustiges Treiben auf dem Tanzpodium.«

Das Brünnsteinhaus wurde von den Alpenvereinsmitgliedern, fremden Gästen, Sommerfrischlern und anderen Vereinen begeistert aufgenommen:

»Ach ja, es war schon eine festesfrohe Zeit, die Jugendzeit des Brünnsteinhauses, in der das Bier noch dunkel war und der Bergschuh genagelt«, schreibt der Chronist.

Noch vier weitere Meilensteine wurden in den ersten Jahren des Bestehens gesetzt:

Zum einen wurde eine Telefonleitung von Oberaudorf zum Brünnsteinhaus gelegt – eine unglaubliche technische Leistung für diese Zeit, die bestaunt und bewundert wurde, wie in unserer Zeit die erste Mondlandung.

Dann baute man einen gesicherten Felsensteig durch die grausige Schlucht an der Südseite zum Gipfel hinauf, der bei der feierlichen Eröffnung den Namen »Dr.-Julius-Mayr-Weg« erhielt und noch heute so heißt.

Einen Aufstiegsweg vom damals schon recht bekannten Berggasthaus »Tatzelwurm« hinauf zum Brünnsteinhaus baute der erste Hüttenwirt, Georg Seebacher, in mühevollster Arbeit.

Und schließlich wurde als besondere Attraktion – auch damals dachte man schon an den Fremdenverkehr – eine Winterrodelbahn angelegt, über die noch ausführlich berichtet werden wird.

Vieles hat das Brünnsteinhaus in den 100 Jahren seines Bestehens gesehen und überstanden, gute und schlechte Zeiten: den Ersten Weltkrieg, die Inflation, in welcher der Übernachtungspreis auf sage und schreibe

600 Milliarden Mark pro Nacht und Bett gestiegen war. Wenig später, im Jahre 1925, schaffte das erste Auto die Fahrt auf dem noch unausgebauten Weg hinauf. Es brauchte dazu immerhin eineinhalb Stunden – zu Fuß braucht man ungefähr zwei.

Auch mehrere Naturkatastrophen, Steinschläge und Lawinenabgänge, hat das Haus überlebt. Besonders schlimm waren die Lawinen von 1905, 1928 und 1953, die das Brünnsteinhaus fast niedergewalzt hätten.

Ab 1933 übernahmen dann die neuen »braunen« Machthaber das Brünnsteinhaus, und der Hüttenwirt hieß »Betriebsführer«. Aber allzu lange dauerte das angekündigte »Tausendjährige Reich« nicht, und mit dem Ende der Diktatur fiel das Haus wieder an die ehemaligen Besitzer, den Alpenverein, zurück.

In der frühen Nachkriegszeit bevölkerten Flüchtlinge und Evakuierte das Haus hoch droben auf dem Berg und fanden dort eine erste Heimstatt nach den Wirren des Krieges, nach Flucht und Vertreibung.

Danach schien die Zeit dort oben für eine ganze Weile stillzustehen. Während sich im Tal in den Jahren des Wirtschaftswunders Wohlstand und Komfort ausbreitete, stand das Brünnsteinhaus wie eh und je unverändert unter dem Gipfelfelsen. Verwittert das Mauerwerk, Plumpsklos als Relikt aus vergangener Zeit, ein zugiger Holzstall für Schwein und Muli. Drunten im Tal hatte man Wichtigeres zu tun, als sich um das alte Haus droben auf der Höhe zu kümmern.

Erst 1966, nachdem der allgemeine Wohlstand gesichert war, entsann man sich wieder des alten Hauses auf dem Berg und der schönen Zeiten, die man dort erlebt hatte. Das Haus wurde einigermaßen renoviert, und dabei entstand ein Anbau mit damals modernen Sanitär- und Waschräumen. Auch die Wasserversorgungsanlage vom Himmelmoos herab wurde repariert und modernisiert.

Das war der Zustand des Brünnsteinhauses, als der Hans und ich am 1. Mai 1968 als Hüttenwirte hinaufgekommen sind.

Meiner Familie hab' ich richtig Leid getan, als sie mich zum ersten Mal droben besucht hat. Dabei waren meine Leute wirklich alles andere als verwöhnt. Nur mein Vater meinte zuversichtlich: »Macht euch keine Sorgen, die Christl schafft das schon!«

Trotz der Renovierungsarbeiten von 1966 war das Haus in sehr schlechtem Zustand. Das Dach war undicht und die Wände feucht, es war kalt und zugig. Manchmal, bei starkem Regen, hat es so arg hereingeregnet, dass in der Gaststube am Boden das Wasser gestanden hat. Die Veranda war nicht heizbar, die Fenster undicht, sodass man den eigentlich schönen Raum mit der großartigen Aussicht nur im Sommer benutzen konnte.

Im Winter wurde, wenn keine oder wenige Gäste da waren, nur in der Küche geheizt. Wir haben dann einen eigenen Ölofen im Gang aufgestellt und durchgehend geheizt, sodass das Haus wenigstens ein wenig temperiert und es nicht gar so lausig kalt war, wenn man ins Schlafzimmer oder ins Bad musste. Manchmal waren im Winter die Zimmerwände innen mit Reif bedeckt. Man muss sich heute wundern, dass man das ausgehalten und kein Rheuma oder sonstige gesundheitliche Schäden bekommen hat. Aber so war es früher in vielen alten

Häusern, die keine Zentralheizung hatten, nicht nur droben im Brünnsteinhaus.

Unser Wohn- und Aufenthaltsraum war die Küche, die von einem riesigen Holzofen geheizt wurde, auf dem man auch gekocht hat. Er stammte noch aus der Bauzeit des Hauses, also von 1894. Ein unverwüstliches, solides Stück.

Geschlafen haben wir in einer winzigen Kammer gegenüber der Küche, die heute als Vorratsraum genutzt wird. Unsere kleine Tochter Johanna, die wir natürlich mit auf den Brünnstein genommen hatten, schlief in einer Kammer im ersten Stock.

In dem neuen Anbau von 1966 gab es auch ein kleines, privates Bad für uns, aber ohne Toilette. Wir mussten die Gästetoilette benutzen – ein Zustand, der heute undenkbar wäre.

Hinter dem Haus, in den Berg hineingebaut, war der so genannte Eiskeller. Das war ein großer, zweigeteilter Raum. In den hinteren Teil wurde im Winter Schnee hineingeschaufelt, festgeklopft und verbarrikadiert. Im vorderen Teil hat man dann den ganzen Sommer lang einen schönen, kalten Keller gehabt, denn der Schnee ist meist bis zum Herbst nicht ganz abgeschmolzen. Mit so einfachen Mitteln hat man sich früher geholfen.

Natürlich war das Brünnsteinhaus auch nicht an das Stromnetz angeschlossen. Wir haben unseren eigenen Strom mit einem Generator erzeugt, der mit Dieseltreibstoff lief. Anfangs war es ein Aggregat, das nur drei kW geleistet hat. Man musste es mit der Hand ankurbeln, und das ging so schwer, dass ich alleine es nicht schaffen konnte. Da musste immer ein kräftiger Mann aushelfen, sonst wäre ich ganz hilflos und ohne

Strom dort droben gewesen! Mit der elektrischen Energie musste man sehr sparsam umgehen. Das Aggregat lud Batterien auf, die dann wieder mittels Umformer die jeweiligen Geräte versorgten. Die Waschmaschine hat zum Beispiel vier Stunden für eine Ladung Wäsche gebraucht. Deshalb habe ich anfangs die Bett- und Tischwäsche in einem Waschkessel im Keller ausgekocht, per Hand gewaschen und ausgewrungen. Was das für eine schwere Arbeit war, davon können nur noch ganz alte Hausfrauen ein Lied singen! Selbst zum Bügeln musste das Aggregat laufen. Wenn ein Gast einen elektrischen Rasierapparat dabei hatte, was immerhin gelegentlich schon der Fall war, bedeutete das bereits ein kleines Problem.

Die Gaststube und die Küche wurden mit Gaslampen beleuchtet. Das waren weiße Milchglaslampenschirme, in denen ein so genannter Gasstrumpf brannte. Das Gas wurde aus einer Gasflasche mittels einer Leitung zu den einzelnen Lampen geführt, der Hahn aufgedreht und der Gasstrumpf angezündet. Aber die Gasstrümpfe waren so empfindlich, dass sie schon zerfallen sind, wenn man sie nur scharf angeschaut hat. Die Gaslampen haben ein schönes, warmes Licht gegeben und zusätzlich etwas geheizt. Ein erfreulicher Nebeneffekt war, dass man fast keine Fliegen im Haus hatte, denn die mochten das Gas nicht! Später wurde die Qualität der Gasstrümpfe immer schlechter, vielleicht weil sie immer weniger gebraucht wurden. Wer beleuchtete noch mit Gas?

In den Gastzimmern und im Lager dagegen gab es elektrisches Licht, das von den Batterien mit Strom versorgt wurde. Es waren armselige Funzeln, die gerade mal fünf Watt leisteten, und sie gaben gerade so viel schummriges Licht ab, dass man nicht ganz im Dunkeln ins Bett tappen musste. Trotzdem waren wir im Gegensatz zu anderen Hütten schon recht fortschrittlich, weil wir die Batterien über das Stromaggregat aufgeladen haben und so Reststrom vorhanden war, auch wenn das Aggregat nicht mehr lief. In vielen anderen Hütten wurde um 22 Uhr abends das Stromaggregat ausgeschaltet, und dann war es zappenduster im wahrsten Sinne des Wortes, bis der Morgen dämmerte. Glücklich, wer dann eine Taschenlampe bei sich hatte.

An den Batterien hingen auch das Radio und ein kleiner Fernseher. Wenn die jedoch in Betrieb waren, konnte man keine anderen Geräte anschalten, denn sonst wäre das System zusammengebrochen. Im Winter hatten wir abends genügend Zeit zum Fernsehen. Ein spannender Krimi! Gerade in dem Moment, in dem es am aufregendsten war, konnte es geschehen, dass das Bild kleiner und kleiner wurde! Hilfe, der Strom geht aus! Schnell, schnell! Wer geht in der Kälte hinüber ins Nebengebäude, um das Stromaggregat anzuwerfen? Dumme Frage, natürlich hat es immer den armen Hans getroffen!

1981 haben wir dann ein Stromaggregat mit stolzen 15 kW Leistung und einem elektrischen Anlasser bekommen. Ich konnte in der Küche auf einen Knopf drücken, und das Aggregat lief, das erschien mir wie ein Wunder! Genügend Strom ganz ohne Muskelkraft! Auch eine Photovoltaikanlage wurde installiert, hochmodern und fortschrittlich! Im Rahmen dieser Installation wurden nun auch im ganzen Haus genügend Steckdosen und Schalter montiert. Auch das Stromaggregat wurde noch mal verstärkt, und ich konnte, welch ein Luxus, zu jeder Zeit eine kleine Kaffeemaschine oder ein Rührgerät einschalten. Zum Schluss hatten wir, und das war ein grandioser Fortschritt, sogar eine Geschirrspülmaschine!!

Trotzdem musste man den Strom immer gut einteilen. Wenn ein »Stromfresser« lief, konnte man nicht zugleich ein anderes Gerät einschalten. Da musste man ständig jonglieren, und das ist mir in Fleisch und Blut übergegangen bis auf den heutigen Tag, obwohl es inzwischen natürlich nicht mehr nötig ist. Der Mensch ist halt ein Gewohnheitstier!

Das Wasser für die Waschräume wurde mit Gasboilern erhitzt. Sogar in der Küche hatte ich später einen kleinen Gasboiler und natürlich noch das Wasser aus dem Wassergrandl des riesigen Herdes, der immer geheizt war, da auf ihm gekocht wurde.

Das Wasser selbst kam von oben, aus der Quelle am Himmelmoos. Es wurde gefasst und ins Haus geleitet. In heißen Sommern konnte es schon mal knapp werden. Dann tröpfelte es nur noch aus dem Wasserhahn, und im Winter, wenn es lange sehr kalt war, ist manchmal die Leitung eingefroren. Aber immerhin hatten wir fließendes Wasser im Haus und mussten es nicht draußen am Brunnen holen, wie es in manchen anderen Berghütten üblich war. Das war schon etwas!

Als das Brünnsteinhaus im 19. Jahrhundert gebaut wurde, hätte man niemals gedacht, dass einmal so viele Leute zum Übernachten dort hinaufkommen würden. Darum gab es auch nur einen Oberstock mit normaler Raumhöhe und darüber einen Speicher, der wegen der großen Nachfrage als Lager genutzt wurde. Darin konnte man nicht aufrecht stehen, aber immerhin hat man ein Matratzenlager für 25 Leute einrichten können. Es war recht primitiv, grad zum Reinkriechen halt, aber seinen Zweck hat es erfüllt.

Damals war das »Bergwochenende« sehr beliebt. Das konnte man sich leisten. Die großen Urlaubsreisen und der »Skizirkus«, wie man ihn heute kennt, waren in den Sechzigern noch nicht üblich.

Die Leute sind mit dem Zug nach Oberaudorf gekommen, an die drei Stunden aufgestiegen zu uns und über Nacht geblieben. Am nächsten Tag sind sie auf den Kleinen oder Großen Traithen, das Trainsjoch oder auf unseren Brünnsteingipfel gestiegen oder haben sonst eine Wanderung gemacht. Gegen Abend sind sie dann wieder heimgefahren. Damit war das Wochenende ausgefüllt. Heutzutage gehen die Wintersportler vormittags in den »Kaiser« zum Skifahren und kommen nachmittags auf den Brünnstein zum Kaffeetrinken. Die Leute sind viel sportlicher und mobiler geworden. Früher ging alles viel gemächlicher als heute. Aber jede Zeit hat ihr Gutes.

Das Geld in der Sektion Rosenheim des Alpenvereins war immer knapp, noch dazu nachdem ein zweites Alpenvereinshaus auf der Hochries, einem weiteren Gipfel in den Chiemgauer Bergen, gebaut worden war, das auch unterhalten werden musste. Aber 1971, wir hatten gut drei Jahre als Hüttenwirte hinter uns, kam doch ein erster großer Umbau. Das ganze Dach und der obere Teil des Hauses wurden komplett abgetragen, im ersten Stock auf Zimmerhöhe eine neue Decke eingezogen, die Wände aufgemauert, und so entstanden zwei komplette Schlafetagen: im ersten Stock die Zimmer und im zweiten Stock die Matratzenlager. Rechtzeitig zum Winteranfang war das Haus wieder dicht. Während des Umbaues hatte es schon mal ein rechtes Unwetter gegeben, sodass das Wasser wie ein Sturzbach die Treppe heruntergeschossen kam und aus den Gasstrümpfen in der Küche und Stube das Wasser getropft ist!

Bei dieser Baumaßnahme wurde das Haus auch außen verputzt, so wie man es heute kennt. Bis dahin war das grobe Steinmauerwerk sichtbar gewesen.

Endlich hatten wir im ersten Stock ein richtiges Schlafzimmer und daneben ein Kinderzimmer! Da waren wir schon recht glücklich. Unser kleines Bad ohne WC war allerdings unten, das war alles andere als praktisch, und wir mussten immer noch die allgemeine Gästetoilette benutzen.

Gefeiert haben wir immer gerne und gut, und so wurde auch dieser Umbau mit einer großen Einweihungsfeier gewürdigt.

Bei schönstem Wetter waren viele Gäste da, und der Pfarrer hat eine Messe zelebriert und den Bau geweiht.

Nach dem Umbau waren die Schlafmöglichkeiten viel besser. Im obersten Stock standen nun sechs Räume als Matratzenlager zur Verfügung: Jeweils zwei mit vier, sieben und neun Schlafplätzen. Die Matratzen lagen auf einem Holzpodest nebeneinander, und jeder Gast erhielt zwei Decken und ein Kopfkissen.

Natürlich war nach dem kostspieligen Umbau kein Geld mehr für die Ausstattung vorhanden, und so kam der damalige Hüttenreferent auf den Gedanken, eine Ausschreibung zu machen:

»Wer übrige Matratzen oder Decken hat, als Spende für das Brünnsteinhaus sind sie willkommen!«

Eigentlich war das eine gute Idee, und es wurde auch gespendet – aber was! Manche Leute haben den Aufruf offenbar als Sperrmüllaktion verstanden. Die Sachen konnten unten im Tal in einer Garage abgegeben werden, doch die Eigentümer haben bald angerufen, wir möchten das Zeug doch schnell holen, sie hätten nicht gern Wanzen und Flöhe im Haus!

Der Hans hat alles in vielen Fahrten heraufgeholt, aber es war wirklich fast nichts zu gebrauchen. Ein paar Stücke habe ich aussortiert und in das Notlager über der Garage gebracht, wo ohnehin Mäuse gehaust haben. Das ganze andere vergammelte, stinkende Zeug haben wir aufgeschichtet und ein riesiges Feuer gemacht!

Damit war das Problem natürlich nicht gelöst, denn zu Silvester hatten sich schon eine Menge Gäste angemeldet. Da haben wir in unserer Not erfahren, dass das Rosenheimer Krankenhaus Matratzen aussortiert, und die haben wir bekommen. Sie waren 1 x 2 m groß, dick und unglaublich schwer! Meinen Bandscheiben hat das gar nicht gefallen, und noch heute erinnern sie mich an diese Zeit! Diese Krankenhausmatratzen waren voller Flecken, aber immerhin gereinigt und desinfiziert. Mit sauberen Leintüchern drüber sah es ganz ordentlich aus.

Bevor im gesamten Haus Steckdosen verlegt wurden, musste ich zum Staubsaugen im Matratzenlager ein extralanges Verlängerungskabel benutzen, denn nur im ersten Stock war eine Steckdose. Dieses Kabel lag immer ganz oben auf dem Wäscheschrank im Lager.

An einem Freitagabend kamen fünf Burschen aus Bernau herauf zum Übernachten. Wir witzelten, ob sie denn dieses Wochenende »Freigang« hätten, denn in Bernau befindet sich eine große Strafvollzugsanstalt. Aber es waren lustige, freundliche Burschen, und wir hatten keinerlei schlechte Gedanken.

Am Samstag früh, zwei dieser Gäste waren auf den Gipfel gegangen und die anderen saßen beim Frühstück, bemerkte die Johanna, die damals bereits ein junges Mädchen war und fleißig mitgeholfen hat, dass das Kabel fehlt. »Wo ist das Kabel, wer hat es nicht auf seinen Platz gelegt?!« Überall wurde gesucht, selbst in der Werkstatt vom Hans. Vergeblich! Sollten gar die Bernauer Burschen …? Aber nein, was sollten denn die damit anfangen?!

Auf dem Regal im Hausgang lagen ihre Rucksäcke. Vorsichtig tastete ich sie ab – und prompt – ich fühlte das Kabel! Ich kam mir fast selber wie ein Dieb vor, als ich es aus dem Rucksack holte. Hoffentlich hat mich niemand gesehen, schickte ich ein Stoßgebet zum Himmel.

In der Küche haben wir ein großes Palaver abgehalten. Was tun? Anzeige erstatten oder ihnen einfach eine kräftige »Watschen«, sprich Ohrfeige, herunterhauen? Aber welchem? Nein – nichts dergleichen habe ich gemacht. Stattdessen habe ich auf einen Zettel geschrieben: »Mein Kabel brauch' ich selber. Die Wirtin.« Und diesen Zettel habe ich anstelle des Kabels in den Rucksack gesteckt. Als die Burschen gingen, schauten wir ihnen nach, um zu sehen, welchem von ihnen der Rucksack gehörte. Dabei haben wir uns ausgemalt, was für ein Gesicht er am Abend machen würde, beim Auspacken seines Tornisters. Wiedergekommen ist jedenfalls keiner mehr von ihnen.

Im ersten Stock gab es zwei Vierbettzimmer und vier Zweibettzimmer. Diese Zimmer können nur von Alpenvereinsmitgliedern vorbestellt werden. Wenn nun andere Gäste kamen, mussten sie bis 19 Uhr warten, erst dann durfte ich diese Zimmer freigeben.

Einmal kam abends ein Paar, wohl so um die 50 Jahre alt, und bat um ein Zimmer. Es war gerade noch eines frei.

Weil es in der Küche recht turbulent zuging, gab ich ihnen den Schlüssel für die Nummer 6: »Im ersten Stock, ganz vorne am Gang«, rief ich ihnen noch nach.

Kurz danach kam die Frau in die Küche, umarmte mich, küsste mich links und rechts ab, was ich ohnehin nicht mag, und sagte freudestrahlend: »Sie sind ja ein echter weiblicher Kavalier!« Dann schwänzelte sie vergnügt nach oben.

»Was war denn jetzt das? Was hat die denn g'meint?« Allgemeines verwundertes Kopfschütteln wegen dieser etwas überdrehten Person. Aber viel Zeit hatten wir nicht zum Nachdenken, schon rief der nächste Gast aus der Stube nach seinem Bier.

Erst am nächsten Tag erfuhren wir von der Johanna, was geschehen war. Als sie spätabends zu ihrem Zimmer kam, war von innen zugesperrt! Auf ihr heftiges Klopfen wurde aufgemacht. Da lag das Paar zusammen in Johannas Einzelbett! Sie hatten die Zimmer verwechselt, offensichtlich passte der Schlüssel Nr. 6 auch an Johannas Türe! Dass es ein Privatzimmer war, Johannas Kleider offen am Schrank hingen, das Bett benutzt und ein Nachthemd im Bett lag, hatten die beiden in ihrer Freude und Lust gar nicht bemerkt. Trotzdem hat es ihnen nichts genutzt, denn die Johanna hat sie noch gleich in der Nacht energisch ausquartiert in das Zimmer Nummer 6 mit zwei getrennten Betten!

Als ich die beiden am nächsten Morgen fragte, ob sie denn nicht bemerkt hätten, dass nur ein Einzelbett im Zimmer war, kam die Antwort: »Das war ja grad das Schöne!« Verheiratet waren die zwei bestimmt nicht!

1981, also zehn Jahre später, kam der nächste große Umbau! Dieses Mal wurde der Gastbetrieb geschlossen, denn es wurden das ganze Erdgeschoss und die Keller aus- und umgebaut. In dieser Zeit habe ich für uns oben im Waschraum gekocht. Immer wieder musste ich Handwerker mit dem Haflinger hinauf- und hinunterfahren. Mein Gott, was hatten die Angst in diesem Gefährt! Einmal bin ich an einem Tag sieben Mal hin und her, und immer wieder blieb das Fahrzeug im Schnee stecken. Als endlich alles fertig war, hat einer der Arbeiter zu mir gesagt: »Da hab' ich aber viele arme Seelen freigebetet, bis dieser Bau fertig war. Die Baustelle selbst war schon nicht ungefährlich da heroben, aber die Fahrten mit dir, da hab' ich manchmal gedacht, jetzt hat mein letztes Stündlein geschlagen.«

Wenn die gewusst hätten, wie viel Angst ich selbst bei diesen abenteuerlichen Fahrten gehabt habe!

Zwischen Erd- und Kellergeschoss wurde eine dichte Decke eingezogen. Damit verschwanden auch die manchmal recht unangenehmen Gerüche, die von unten heraufdrangen. Denn einer der Kellerräume hatte früher als Schweinestall gedient, und so ein Gestank setzt sich fest, den bringt man nie mehr los!

Die alte Veranda wurde abgerissen und neu angebaut, eine Bankbreite größer, mit dichten Fenstern und einer Heizung! Gaststube und Küche wurden völlig neu ausgebaut und gestaltet, ein Schankraum eingerichtet, die alten Holzböden herausgerissen und alles mit Fliesen ausgelegt. Vorbei war endlich die mühselige Arbeit des Bodenschrubbens, auch wenn es mancher schade fand, dass die alten Holzböden verschwanden! Für uns bedeutete es eine große Arbeitserleichterung, und schöner war es auch!

Auch die Nebengebäude und der Eiskeller wurden neu gebaut und modernisiert. Mit diesem großen Umbau wurde es recht komfortabel auf dem Brünnsteinhaus, aber mit das Schönste war, dass wir, die Wirtsleute, endlich eine eigene Toilette bekommen haben!

Während der vielen Jahre, die wir auf dem Brünnsteinhaus waren, wurde daran gebaut und verbessert, je nach finanzieller Lage der Sektion. Ein ewiger Dreck und Schutt und immer wieder Handwerker da, die verköstigt und verpflegt sein wollten. Das war oft recht mühselig und belastend, denn meist ging der Gastbetrieb während der Umbaumaßnahmen weiter. Aber weil dadurch auch alles besser und die Arbeit leichter wurde, nahm man das gerne hin. Zu sehen, wie alles schöner und angenehmer wurde, hat einen manche Mühsal und Arbeitsstunde vergessen lassen. Es war nicht nur ein Vorteil für die Gäste, es war auch ein großer Fortschritt für uns.

Heute, nach weiteren Erneuerungen und Verbesserungen, kommt mir das Haus manchmal schon fast wie ein Hotel vor. Die alten »romantischen« Zeiten scheinen fast vorbei zu sein.

3. Kapitel

In den Bergen wohnt die Freiheit

*Die Alpenvereinsbewegung und
ihre Mitglieder*

Wenn man sich heute die Alpen betrachtet, wie sie durch unzählige Bergbahnen, Lifte, Hütten und Berggasthöfe erschlossen sind, nicht zu reden vom »Skizirkus« mit seinen teilweise recht absonderlichen Auswüchsen, dann kann man sich gar nicht mehr vorstellen, dass vor nicht viel mehr als 150 Jahren die Berge so unberührt und majestätisch dastanden, wie Gott sie erschaffen hat. Ihre Gipfel betrachtete man von unten, mit ehrfürchtiger, respektvoller Bewunderung oder gar Furcht, und es waren nur ganz wenige, die es wagten, hinaufzusteigen. Wozu auch? Die bäuerliche Bevölkerung hatte genug damit zu tun, dem Boden mit harter körperlicher Arbeit das Lebensnotwendige abzuringen, und wenn man in den Bergen herumkletterte, dann höchstens, um nach einem verlaufenen Stück Vieh zu suchen.

So war es auch nicht die arbeitende Bevölkerung der Einheimischen, die die ersten Berggipfel bestieg und Unterkunftshütten baute. Es waren vielmehr die Menschen des begüterten Bürgertums, Mitglieder der Adelshäuser, allen voran eine bergbegeisterte Gruppe von Engländern, die sich diesen »Luxus«, auch in finanzieller Hinsicht, erlauben konnten und die ersten Gipfelbesteigungen unternahmen. Wissenschaft, Forschung, aber auch Abenteuerlust waren die Triebfedern dieser Pioniere des Alpinismus.

1869 wurde der »Deutsche Alpenverein« gegründet. Die Aktiven dieser Gründerjahre entstammten alle dem gehobenen Bürgertum. Das Ziel dieses neuen Vereines war es, die Alpen aus Begeisterung zur Natur touristisch zu erschließen, und dazu bedurfte es einer finanzkräftigen Mitgliedschaft.

Vor allem mit dem Ausbau des Eisenbahnnetzes Mitte des 19. Jahrhunderts erlebte das »Abenteuer Alpen« einen enormen Aufschwung. Denn damit wurde die Fahrt in die »Sommerfrische« und in die Gebirgsregionen für wohlhabende städtische Familien viel komfortabler und bequemer als bisher.

In emsiger Bautätigkeit entstanden alsbald über das ganze Gebirge hin Wege und Steige, und es wurden Hütten und Häuser gebaut. Steinerne Zeugnisse dieser Zeit sind Berghäuser mit Namen wie »Zittauer Hütte«, »Meißner Haus«, »Prager Hütte« und »Düsseldorfer Hütte«, um nur einige der vielen zu nennen. Man erkennt schon an den Namen, von wie weit her die Menschen in die Alpen kamen. 1893, also nur 24 Jahre nach der Gründung, gab es bereits 128 (!) Alpenvereinshütten, und 1894 kamen zehn neue dazu, darunter eben das Brünnsteinhaus.

Der hohen Obrigkeit waren die Bauaktivitäten nicht immer ganz geheuer: »Diese, auf Bergen und Almen herumstreunenden Subjekte suchen nur nach einem

Vorwand, um an abgelegenem Orte unerlaubte Zusammenkünfte zu halten«, argwöhnten die Behörden und versuchten mit allen Mitteln, weitere Bauvorhaben zu verhindern – letztendlich vergeblich, wie man heute sieht!

Wenn die Gründerväter des Alpenvereins geahnt hätten, was sie mit ihrer Bewegung ausgelöst haben! Denn mit der Erschließung der Berge und der fortschreitenden Mobilität durch Fahrräder, Autos und Motorräder strömte das Volk in bisher nie gekannten Massen ins Gebirge. Aber nun waren es meist nicht mehr die feinsinnigen, idealistischen, betuchten Naturschwärmer des 19. Jahrhunderts, sondern eben – das Volk!

Als Reaktion auf diese Entwicklung gründete sich 1920 »Die Bergwacht«. Diese hatte ursprünglich nichts zu tun mit den heutigen, mutigen Helfern der Bergrettung, sondern war eine Vereinigung, die es sich zur Aufgabe machte, über die Einhaltung der edlen Statuten des Alpenvereins zu wachen: »Das ekle Geschmeiß, das sich in unser Bergheiligtum verirrt und es entweiht, soll nun daraus entschwinden. Jagt sie hinaus, diese Tempelschänder! Nur der soll sich den Alpen, diesen hehren Domen der Natur nahen, dessen Herz erglüht voll heiliger Begeisterung …«, so hieß es theatralisch in einem Aufruf.

Die Gründer dieser Vereinigung sind alle nicht mehr unter uns und betrachten das »Volk«, das sich heute, manchmal halb nackt und in Sandalen, in den Bergen tummelt, von oben herunter – vermutlich entsetzt und kopfschüttelnd .

Heute bestehen die Hauptaufgaben des Alpenvereins darin, die Gebirge allgemein zu erforschen und die

Schönheit und Ursprünglichkeit der Bergwelt zu erhalten. Darüber hinaus gehört es zu seinen Anliegen, die alpinen Sportarten zu fördern, insbesondere für die Jugend, sowie die Rettung aus Bergnot zu unterstützen. Als besonders wichtigen Auftrag sieht er den Natur-, Umwelt- und Landschaftsschutz in den Alpen. Dies alles geschieht überwiegend in ehrenamtlicher Tätigkeit vieler engagierter Mitglieder.

Natürlich haben die Alpenvereinsmitglieder gewisse Rechte und Privilegien, und das ist auch richtig so. Denn immerhin erhalten sie mit ihren Mitgliedsbeiträgen die Organisation mit ihren vielfältigen Aufgaben. Aber manchmal denke ich schon, dass die Sektionen die Mitglieder bei ihrem Eintritt in den Verein auch auf ihre Pflichten aufmerksam machen sollten.

In früheren Jahren mussten Anwärter auf die Mitgliedschaft gar zwei Bürgen beibringen, die bereits Mitglieder waren, um ihren guten Leumund zu bezeugen. Das ist heute nicht mehr so.

Wie überall sonst gibt es halt auch im Alpenverein solche und solche, gottlob aber mehr solche als solche. Die meisten sind freundliche, verantwortungsbewusste Zeitgenossen, aber bei einigen der Mitglieder hat es den Anschein, sie glauben, mit der Mitgliedschaft zugleich das Eigentum an allen Hütten erworben zu haben. Ohne zu fragen, inspizieren sie das gesamte Haus und die Nebengebäude, gebärden sich weniger wie Gäste, sondern wie die Hausherren persönlich und stellen manchmal recht hohe Ansprüche, und das in nicht gerade freundlichem Ton. Das habe ich mir nicht gefallen lassen, und so gab es schon gelegentlich eine unfreundliche Antwort von mir. Dazu fällt mir eine kleine Anek-

38

dote ein, die das Anspruchsdenken mancher Mitglieder dokumentiert:

Spätabends, wir waren gerade beim Zubettgehen, kamen noch zwei Wanderer zum Brünnsteinhaus, ein älterer Herr und ein junger Mann, offensichtlich sein Neffe. Sie legten ihre Alpenvereinsausweise vor, wollten ein Nachtquartier und eine warme Mahlzeit.

Es war schon sehr spät, und sie waren nicht angemeldet für diese Zeit, aber was will man machen? Selbstverständlich habe ich mich nochmals in die Küche gestellt, ein Essen gerichtet und sie auf das Zimmer geführt. Am nächsten Morgen, beim Gehen, hat sich der junge Mann sehr nett dafür bedankt, dass ich so spät noch für sie tätig gewesen war. Da stutzte ihn der Ältere mit den Worten zurecht: »Dafür brauchst du dich nicht zu bedanken, dafür sind die (!) schließlich da!« Dieses Benehmen hat mich damals schon sehr geärgert. Takt und Anstand scheinen nicht jedem in die Wiege gelegt zu sein, und sie sind erst recht nicht vom Geldbeutel abhängig!

Aber nicht nur über Unhöflichkeit musste man sich gelegentlich ärgern. Auch die Gedankenlosigkeit mancher Leute hat uns immer wieder Nerven gekostet.

So bekam ich einmal im Frühsommer einen längeren Brief, in dem mir ein Mann breit und ausführlich seine für den bevorstehenden September geplante mehrtägige Tour von Hütte zu Hütte beschrieb und für den 10. September bei uns einen Schlafplatz im Matratzenlager reservierte.

»Mein Gott, ist der aber korrekt!«, sagte ich zum Hans. »So viel Schreiberei, bloß wegen einem Lagerplatz! Den hat man doch immer.«

Doch dann glaubte ich zu erkennen, was dahinter steckte. Der Mann war offensichtlich allein unterwegs und wollte auf diese Weise sicherstellen, dass nach ihm gesucht werden würde, sollte er nicht bei uns ankommen. Schließlich kann in den Bergen viel passieren.

Tatsächlich kam es auch so: Wer am angegebenen Tag nicht bei uns auftauchte, war unser überkorrekter Gast. Natürlich machte ich mir Sorgen um ihn. Ich hatte zwar seine Adresse, aber keine Telefonnummer. Also benachrichtigte ich die Polizei in Kiefersfelden. Die Beamten setzten sich wiederum mit ihren Kollegen in Ravensburg, dem Wohnort unseres vermissten Gastes, in Verbindung. Der Mann staunte nicht schlecht, als plötzlich die Polizei vor seiner Haustür stand.

»Ja, glauben Sie denn, dass ich bei diesem Sauwetter eine Bergtour unternehme?«, entgegnete er entrüstet auf die Vorhaltungen der Beamten. Sich bei uns abzumelden, war diesem ach so korrekten Zeitgenossen natürlich nicht eingefallen. Von den anderen Hüttenwirten, die er ebenfalls angeschrieben hatte, interessierte sich übrigens keiner für seinen Verbleib.

Solche Vorkommnissse tragen natürlich dazu bei, dass man einem tatsächlich in Bergnot geratenen Wanderer nicht oder erst reichlich spät nachspürt: Wieder einmal hatte sich ein Gast angemeldet. Es hatte schon seit Tagen geschneit, niemand wagte sich herauf, und auch der angemeldete Gast tauchte nicht auf.

»Na ja, bei dem Wetter ist das auch verständlich«, sagten wir uns. »Wenn er wenigstens abgesagt hätte. Aber so sind die Leut eben!«

Diesmal war freilich alles ganz anders, aber das konnten wir zu diesem Zeitpunkt noch nicht ahnen. Zwei Tage später erreichte uns ein Anruf der Familie jenes Bergsteigers, die ihn vermisste.

Sofort wurde die Bergwacht verständigt, um nach ihm zu suchen. Sie fanden ihn auch, aber erst am folgenden Tag. Er hatte sich am Kleinen Traithen im dichten Schneetreiben verlaufen. Zu seinem Glück war er auf eine leer stehende Almhütte gestoßen, hatte durch eine Lücke in der Stallwand hineinschlüpfen können und sogar noch ein paar Essensreste gefunden. Zwei Tage lang war er in der Hütte gefangen, da ein so fürchterlicher Schneesturm tobte, dass an ein Weitergehen nicht zu denken war. War der froh, als ihn die Bergwacht fand – und wir auch!

Die Alpenvereinshäuser sind in drei Kategorien aufgeteilt. Wir gehörten zur Kategorie I, und das sind Häuser, die nicht über mechanische Aufstiegshilfen, das heißt mit Lift oder Gondel, erreichbar sind, sondern die erwandert oder erstiegen werden müssen. Für diese Kategorie ist Hüttenruhe ab 22 Uhr Vorschrift. Natürlich konnten wir unsere Gäste nicht schon um zehn Uhr abends ins Bett schicken, und das war auch nicht unbedingt notwendig. Die Gipfel in unserem bayrischen Voralpenland sind meist auf leichten Wegen in wenigen Stunden erreichbar. Da kam es so gut wie nie vor, dass sich Gäste schon um vier Uhr morgens zum Aufbruch bereitgemacht haben und deshalb ihre abendliche Ruhe brauchten, wie dies auf hochalpinen Hütten üblicherweise der Fall ist. Bei uns ging's abends manchmal recht lustig zu, aber irgendwann haben wir doch auf Hüttenruhe bestanden, denn das Haus war recht hellhörig.

Wenn es auf den Matratzenlagern gar nicht ruhig werden wollte, gab es auch mal Ärger, denn die Gäste, die früher schlafen gehen wollten, mussten schließlich auch zu ihrem Recht kommen.

Mit der Einführung der Sommerzeit vor einigen Jahren wurde die Hüttenruhe auf 23 Uhr festgelegt, und das war für uns hart, denn dadurch ist auch unser Arbeitstag länger geworden. Zudem hatten wir keinen Ruhetag, denn das Brünnsteinhaus ist ein Stützpunkt für Wanderer, die von Hütte zu Hütte unterwegs sind, und im Brünnsteingebiet gibt es kein zweites bewirtschaftetes Haus. Also mussten wir täglich offen haben.

Streng genommen waren die Räume des Matratzenlagers für Männlein und Weiblein getrennt, und ich habe die Türen zum Lager immer mit dem Spruch geöffnet: »Da die Mädl, da die Buben.«

Die meisten haben drüber gelacht, aber einige haben mich doch ganz erschrocken angeschaut und ungläubig gefragt: »Wirklich wahr?«

Natürlich hat sich niemand dran gehalten. Die Gruppen haben so, wie sie gekommen sind, in einem oder zwei Räumen »durcheinander« geschlafen. Das war nicht nur bei uns, es war und ist überall so üblich.

Gelegentlich, vor allem in den Anfängen, war es im Matratzenlager so eng, dass sich nur alle gemeinsam von einer Seite auf die andere umdrehen konnten. Da erscholl dann ein Kommando »Umdrehen!«, und fast automatisch drehten sich alle Schläfer auf die andere Seite. Was sonst noch alles geschah, wenn Männlein und Weiblein eng an eng lagen, darüber kann man nur spekulieren. Decken wir also lieber den Mantel des Schweigens darüber.

In den Anfängen bekam jeder Gast zwei Decken und ein Kissen. Später wurde es für die Gäste Vorschrift, einen Hüttenschlafsack mitzubringen, das ist eine Art zugenähtes Leintuch oder ein Bettbezug.

Die Alpenvereinsmitglieder wissen das, und wer keinen Hüttenschlafsack dabeihatte, konnte ihn bei mir kaufen. Bei telefonischen oder schriftlichen Anmeldungen habe ich vorsorglich auf die Schlafsackpflicht hingewiesen. Das gab manchmal Ärger, wenn es die Leute nicht einsehen wollten, aber da bin ich hart geblieben. Zum einen war es Vorschrift, und zum anderen ist es auch viel hygienischer, denn jeder liegt in seiner eigenen Bettwäsche. Für mich war es zudem eine große Erleichterung, denn die viele Wäsche zu waschen, war mit einer Waschmaschine, die ihre Energie vom Stromaggregat bezog, sehr langwierig, und auch das Bügeln kostete viel Zeit. Oft hat der Hans die Wäsche mit hinunter ins Tal zur Wäscherei genommen und sauber und gebügelt wieder mitgebracht, aber das war wiederum sehr kostenaufwändig. Die Aufwandsentschädigung für die Wäsche, die die Sektion bezahlt hat, hat dafür nicht ausgereicht. Mit den Schlafsäcken war das jetzt viel besser.

Man bedenke nur: Ein Wanderer, der eine Woche lang von Hütte zu Hütte geht, bekommt sieben Mal frische Bettwäsche, das heißt sieben Mal wird Wäsche gewaschen! Welch ein Aufwand und was für eine Belastung für die Umwelt!

Eines späten Abends kam ein einzelner, älterer, männlicher Gast. Nach Aussehen und mitgeführtem Gepäck habe ich mir gleich gedacht, dass der keinen Schlafsack dabeihat. Und so war es auch! Kaufen wollte er aber auch keinen. Als ich darauf bestehen wollte, hat er mich abschätzig von oben bis unten gemustert und dann entrüstet gemeint:

»Ja, so dreckig wirst du es doch nicht haben da heroben, dass man gleich einen Schlafsack braucht!« Was soll man da antworten? Ihm hab' ich dann ausnahmsweise ein Leintuch gegeben.

Die Übernachtungspreise für die Mitglieder des AV sind natürlich viel günstiger als für Nichtmitglieder. Das Geld für sämtliche Übernachtungen wird an die Sektion abgeführt, und wir bekamen einen Anteil für die Wäsche. So war es für den Wirt finanziell ohne Belang, ob der Übernachtungsgast ein AV-Mitglied oder ein freier Gast war. Mit dieser Maßnahme will der Alpenverein verhindern, dass ein Wirt die besser zahlenden Gäste, also die Nichtmitglieder, bevorzugt. Jeder Übernachtungsgast bekam beim Bezahlen der Nächtigung einen mit Datum abgestempelten Beleg. Damit war auch sein Gepäck gegen Diebstahl versichert. Das hat uns allerdings nicht vor Dieben geschützt.

So war einmal, vor vielen Jahren, eine Gruppe Jugendlicher in Begleitung einiger Erzieher bei uns zu Gast. Der Begriff »Erzieher« war mir damals noch nicht geläufig. Ich betrachtete die Gruppe als »normale« Jugendgruppe. Zwei der jungen Burschen fand ich besonders nett. Sie kamen zu mir in die Küche und boten mir ihre Hilfe beim Abspülen an, die ich auch annahm. Ich gab dafür jedem fünf Mark und bedankte mich recht herzlich. Aufgefallen ist mir nur, dass diese Gruppe junger Leute extrem viel geraucht hat.

Am nächsten Tag kam ein Anruf der Polizei mit der Frage, ob mein Sparschwein noch in der Küche auf dem Fensterbrett stehe und ob nicht ein Gast seinen Rucksack vermisse. Tatsächlich, das Sparschwein war weg, und mir fiel ein, dass es am Vorabend eine aufgeregte Suche nach einem Rucksack gegeben hatte. Jetzt klärte mich die Polizei darüber auf, dass es sich bei der Gruppe um schwer erziehbare Jugendliche gehandelt hatte und dass die Erzieher ihnen wegen des Diebstahls auf die Schliche gekommen waren. Jetzt war auch klar, woher diese kleinen Gauner das Geld für den Zigarettenautomaten im Gang hatten, nämlich aus meinem Sparschwein – und Trinkgeld noch extra dazu!

Die Statuten des Alpenvereins besagen, dass alle Gäste auf Hütten der Kategorie I ihre Brotzeit und ihre Getränke mitbringen dürfen. Ausgenommen sind alkoholische Getränke. Dass die Hüttenwirte davon nicht begeistert sind, ist wohl verständlich. Die Gäste beanspruchen die Räumlichkeiten, die Toiletten und sonstigen Einrichtungen, und sie gehen, ohne einen Pfennig dazulassen. Aber so sind halt die Regeln.

Der Wirt ist auch verpflichtet, den Alpenvereinsmitgliedern heißes Teewasser zu bringen. Ein Liter Wasser mit Gedeck hat damals 1,50 DM gekostet. Da ist es schon mal vorgekommen, dass einer das Teewasser um 1,50 DM bestellt hat und dann noch um einen Teebeutel und Zucker gebeten hat. Wenn ich dann gefragt hab, warum er denn nicht gleich einen Tee bestellt habe, kam die Antwort: »Na, na, nix da! Das wär' mir dann doch zu teuer!«

Von manchen Leuten kann man das Sparen lernen, und meist sind gerade diese »Notigen« eigentlich nicht die Ärmsten. Dass auch der Hüttenwirt seine Ausgaben hat und seine Pacht bezahlen muss, daran denken diese Knauser nicht.

Weiterhin ist vorgeschrieben, dass es täglich ein »Bergsteigeressen« gibt. Das musste ein »Pfund« Essen sein, ein nahrhaftes, einfaches Gericht, dessen Preisobergrenze dem Wirt vorgeschrieben ist. Wer seinen AV-Ausweis vorzeigte, der hatte Anspruch darauf. Da gab es zum Beispiel Erbsensuppe mit Würstel, Schinkennudeln oder ein »Tiroler Gröstl«. Diese Bergsteigeressen sind noch heute sehr beliebt.

Manchem ist aber auch diese preiswerte Mahlzeit noch zu teuer. Die Schwaben sind ja für ihre Sparsamkeit bekannt. An einem schönen Tag, es waren noch keine anderen Gäste da, kamen zwei Wanderer des Weges. Ich hatte nichts Besonderes vorbereitet und fragte sie nach ihren Wünschen.

»Ha no, Fraule, was geit's denn heut Guates zum Esse?«, fragte der eine in schönstem Schwäbisch.

Ich zählte auf, was ich so auf die Schnelle machen könnte. Aufmerksam hörten sie zu, und dann fragten sie: »Und was koschtet des?«

Geduldig sagte ich ihnen den jeweiligen Preis.

»Siehsch d'«, meine der eine triumphierend zum anderen, »i han mei Veschper dabei, aber du muascht zahle.«

Daraufhin setzte er sich mit seiner mitgebrachten »Veschper«, schon recht ausgetrockneten Butterbroten, an einen der Tische.

Als aber dann der andere genüsslich seine große Portion frisch zubereiteten Kaiserschmarren mit Preiselbeeren um damals sage und schreibe fünf Mark verspeiste, wurden seine Augen doch sehr begehrlich. Bestellt hat er aber nichts.

Im Laufe unserer Zeit auf dem Brünnsteinhaus haben wir fünf Vorstände »überlebt«. Wir sind im Grunde mit allen von ihnen gut ausgekommen. Nicht jeder war praktisch begabt, mancher eher »akademisch« gebildet.

So hatten wir einmal einen Gaskühlschrank beantragt. Diese Geräte sind sehr viel teurer als elektrische, aber einen normalen Kühlschrank hätte unser Aggregat nicht mit Strom versorgen können.

Doch der damalige Vorstand hatte die Möglichkeit, kostenlos einen großen elektrischen Kühlschrank zu bekommen, und bestand darauf, dass wir diesen nahmen.

Wir erklärten ihm, dass dieser ohne den erforderlichen Strom nicht zu gebrauchen wäre. Da meinte er, schon recht naiv: »Wenn Sie ihn in den Eiskeller stellen, wird er die kühle Temperatur schon annehmen!« Wir haben es lieber nicht ausprobiert und selbst einen Gaskühlschrank gekauft!

Zur Vorstandschaft gehört auch ein Hüttenreferent. Dieser ist Vermittler zwischen Wirt und Vorstand, was bauliche Maßnahmen oder Reparaturen am Haus anbelangt. Der Hüttenreferent, der, wie auch alle anderen Vorstandsmitglieder, seine Arbeit ehrenamtlich macht, hat ein eigenes Zimmer im Haus.

Vor den großen Umbauten des Brünnsteinhauses wies dieses Referentenzimmer den Luxus eines Kanonenofens auf. Ein früherer Referent, dessen Frau nicht gerne in die Berge ging, kam öfters mit seiner Freundin zu uns, das war ein offenes Geheimnis. Eines Abends brachte er mir ein schweres, mit Zeitung umwickeltes Päckchen in die Küche und sagte: »Schau, was ich in meinem Rucksack gefunden hab. Da hat mir so ein

Spaßvogel drunten Briketts eingepackt, damit ich mich recht schinden muss den Weg herauf zu euch. Kannst es gleich verheizen!«

Ich konnte das Paket nicht im Ganzen in den Ofen stecken, deshalb habe ich es aufgemacht. Es waren Briketts und Späne zum Anfeuern drin, und dabei lag ein handgeschriebener Zettel:

»Hier hast du Feuerholz und Briketts, damit du es schön warm hast mit deiner Anna!«

Der Zettel war zwar nicht unterschrieben, aber man konnte sich schon denken, wer ihm das in den Rucksack gesteckt hat!

Wie gesagt, der Großteil der Alpenvereinsmitglieder sind sehr »kommode«, »gführige«, auf Hochdeutsch umgängliche Leut'. Aber immer wieder gab es halt auch andere, die gar nicht einsehen wollten, wie mühevoll die Arbeit dort droben ist und dass auch eine Wirtin gelegentlich an ihre Grenzen kommt.

Es war Sommerzeit, und die Leute, die den ganzen Tag im Büro saßen, nutzten selbstverständlich diese langen Tage, um abends noch schnell auf den Berg zu gehen. Ich war bereits seit sechs Uhr auf den Beinen, alles war versorgt, unsere Hausgäste hatten bereits gegessen, und ich hatte geputzt.

Da kam noch eine Gruppe von Wanderern ins Haus. Im Gänsemarsch ging es zunächst zu den Toiletten, und jeder der Neuankömmlinge hielt sich ziemlich lange dort auf. Nach längerer Zeit kamen sie zurück.

Aus Erfahrung wusste ich, dass sie sich nach dem schweißtreibenden Aufstieg dort waschen und frisch machen würden, und dies ging bei den kleinen Waschbecken nie ohne kleinere oder auch größere Überschwemmung ab.

Vorsorglich rüstete ich mich schon mit Schrubber und Putzlappen, denn meine Hausgäste sollten am Morgen frische und saubere Waschgelegenheiten und WCs vorfinden. Schließlich kamen sie heraus und meinten zufrieden: »So, jetzt passt's wieder!«

Da rutschte mir heraus: »Ja, mir auch, ich geh noch mal putzen!«

Das hätte ich nicht sagen dürfen. Aus war es! Bei einem so unfreundlichen Empfang würden sie nicht hier bleiben, meinten sie verärgert, packten ihre Rucksäcke und zogen wieder ab.

Kurz darauf bekam ich von der Vorstandschaft der Sektion eine Meldung, einige Alpenvereinsmitglieder hätten sich beim Hauptverband in München (!) über die unverschämte Wirtin vom Brünnsteinhaus beschwert, die Gäste an ihrem verdienten Feierabend so unfreundlich und schlecht behandelt. Die Sektion solle doch etwas unternehmen, damit sich dergleichen nicht wiederhole, und – zumindest – eine kräftige Rüge aussprechen.

Unsere Vorstandschaft in Rosenheim war verständig genug, dem keine große Bedeutung zuzumessen. Sie kannten mich gut genug und kommentierten das Ganze nur mit dem Spruch: »Wo Menschen sind, da menschelt's.«

So macht man eben seine Erfahrungen. Die meinen waren jedoch überwiegend positiver Natur, und der Umgang mit den Menschen, die zu uns heraufkamen, hat mir immer viel Freude gemacht.

Und ich glaube, auch die meisten unserer Gäste waren zufrieden und haben schöne Erinnerungen an ihre Besuche bei uns.

Die Rodeltour vom Brünnstein bis zur Rechenau gehört zu den beliebtesten und traditionsreichsten Wintersportvergnügen. 1906 wurde hier sogar eine Meisterschaft ausgetragen.

4. Kapitel

Viele Wege führen zum Brünnsteinhaus

Wege, Klettersteige und eine Rodelbahn

Es gibt eine Reihe verschieden langer und unterschiedlich schwieriger Wanderwege aus allen Richtungen, die den markanten Gipfel des Brünnsteins und das darunter liegende Haus zum Ziel haben. Man findet sie auf diversen Wanderkarten verzeichnet. Alle diese Wege waren ursprünglich Almwege und Jägersteige, die im Laufe der Zeit von Wanderern ausgetreten und vom Alpenverein beschildert beziehungsweise markiert wurden. Auch vom weithin bekannten Gasthaus »Zum feurigen Tatzelwurm« führt ein Steig über die Großalmen oder über die Seelacken hinauf. Das Wirtshaus hat seinen Namen von einer nahe gelegenen Klamm mit einem eindrucksvollen, tosenden Wasserfall, in der einer alten Sage nach einmal ein Furcht erregender Drache gehaust haben soll.

Mit diesem Weg hat es seine besondere Bewandtnis: Ein früherer, technisch sehr begabter Hüttenwirt – er hat wie wir Seebacher geheißen, ist aber mit uns weder verwandt noch verschwägert – hat diesen Steig um die vorletzte Jahrhundertwende in mühevoller Arbeit im Auftrag der Sektion gebaut.

Als das Werk vollendet war, wurde es am 27. Juli 1905 in Rahmen einer kleinen Feier im »Tatzlwurm« der Öffentlichkeit übergeben.

Der Seebacher Schorsch machte sich anschließend im Schein seiner Laterne auf den Weg hinauf zum Brünnsteinhaus. Er ist dort nie angekommen. Am nächsten Tag hat man seine Leiche gefunden. Nur 200 Meter vom Haus entfernt war er in eine Steilrinne abgestürzt, über die heute ein eiserner Steg führt. Lange Jahre stand ein Marterl an dieser Stelle und hat an den so tragisch ums Leben gekommenen, fleißigen Mann erinnert.

Jahre später wurde das Marterl von seinem Sohn durch eine kleine Gedenktafel ersetzt. Dieser Sohn war später 35 Jahre lang, von 1934 bis 1967, Hüttenwirt auf dem Hochrieshaus, das ebenfalls der Sektion Rosenheim gehört. Er führte dort droben mit seiner Familie ein hartes Leben. Aber wenn er an guten Tagen mit seinen schwieligen Händen gefühlvoll die Harfe zupfte, kam jene Stimmung auf, die man mit dem Wort Hüttenromantik bezeichnet. Er war ein würdiger Sohn seines Vaters und weithin bekannt.

Der vielleicht am meisten begangene Weg ist der Fahrweg, der im Winter auch als Rodelbahn genutzt wird. Er führt von Oberaudorf über Mühlau zur Rechenau und von dort hinauf zum Brünnsteinhaus. Dieser Fahrweg ist ein Gemeinschaftsweg der Almbauern, Grundeigentümer und des Forstamtes und für den öffentlichen Verkehr gesperrt. Selbst der Hüttenwirt braucht einen Wegebenützungsvertrag.

Ursprünglich war ein Karrenweg der einzige Zugang hinauf zum Brünnsteinhaus. Die früheren Hüttenwirte mussten alles, was dort benötigt wurde, in einer »Kraxn« auf dem Rücken hinauftragen oder mit einem Almkarren, dem ein Haflingerpferd oder ein Muli vorgespannt war, hinaufziehen.

Das erste motorisierte Transportfahrzeug, das ab 1949 das Haus versorgte, sobald die Zufahrt schneefrei war, war ein VW-Schwimmwagen aus Wehrmachtsbeständen. Dieses Auto brachte für den damaligen Pächter eine riesige Erleichterung.

Der Nachfolger dieses Schwimmwagens war dann der schon eingangs erwähnte »Haflinger«, ein Geländewagen des österreichischen Herstellers Steyr-Puch, den wir von unserem Vorgänger übernommen hatten. Er war für uns viele Jahre lang unentbehrlich. Heute wird der Haflinger nicht mehr gebaut, aber einige Exemplare sieht man gelegentlich noch fahren – als Liebhaberobjekte für Oldtimerfreunde.

Der kleine Steyr-Puch war zu dieser Zeit das ideale Auto für unsere Zwecke, da er bereits mit Allradantrieb, Differentialsperre und Geländeuntersetzung ausgerüstet war. Allerdings hatte er nur 27 PS, war also dementsprechend langsam, aber der Weg den Berg hinauf war ohnehin keine Rennstrecke.

Dieses merkwürdige Auto hatte keinerlei Vorbau und kein bisserl »Knautschzone«. Es sah etwa aus wie ein kleiner Unimog. Für Beifahrer, die nicht an dieses Fahrzeug gewohnt waren, war es ein höchst unangenehmes Gefühl, damit bergab zu fahren. Denn man hatte immer den Eindruck, als würde sich der Haflinger beim Bremsen nach vorne überschlagen.

Im Zuge der Umbaumaßnahmen am Haus haben wir dann zusätzlich einen Unimog gekauft zum Materialtransport, denn der Haflinger wäre dafür viel zu klein gewesen.

In meiner ersten Zeit als Hüttenwirtin hatte ich noch keinen Führerschein, den habe ich ein paar Jahre später gemacht. Aber ich war jedenfalls die erste Frau, die da droben auf dem Berg mit einem Auto herumgefahren ist.

Der Ausbau und die Instandhaltung der Straße war eine Aufgabe für den Hans. Er war während all der Jahre droben unermüdlich tätig, die Straße zu erweitern, zu befestigen und Wasserrinnen einzubauen, und er hat auch immer wieder die Almbauern zur Mitarbeit bewogen. Dass es seine Aufgabe war, stimmt nur bedingt, das heißt, er hat es sich zur Aufgabe gemacht, denn ohne ausgebauten Weg wäre das Haus in der heutigen Zeit mit ihren gestiegenen Ansprüchen nicht zu bewirtschaften gewesen.

Es stand im Pachtvertrag, dass die Bewirtschaftung und alles, was dazu gehört, Sache des Hüttenwirtes ist. Es ist Sache des Pächters, wie er das Haus versorgt. Da blieb nichts anderes übrig, als die Zufahrt auszubauen und zu verbessern. Die Straße ist zwar immer noch für den allgemeinen Verkehr gesperrt, aber heute können sogar schwere Baufahrzeuge, wie zum Beispiel der Bagger, der für den späteren Umbau des Hauses benötigt wurde, die Zufahrt bewältigen.

An einer Stelle des Weges, die »Am Kreuz« genannt wird, war an einem Baum ein schlichtes Kruzifix angebracht. Nachdem der Baum stockfaul geworden war und gefällt werden musste, hat der Hans dort ein schönes, großes, selbst gefertigtes Wegkreuz aufgestellt, und unter dessen Dach hat die alte, restaurierte Christus-figur einen neuen, würdigen Platz gefunden. Dies war Hans' Dank an den Herrgott, dass wir diesen Weg so viele Jahre ohne größere Unfälle befahren konnten. Nie fährt er daran vorbei, ohne seinen Hut zu lupfen.

Für den Winterbetrieb war der Haflinger allerdings wegen seines geringen Gewichts nicht geeignet. Im ersten Winter, den wir auf dem Berg verbrachten, hat der Hans, wie in alten Zeiten, alles auf dem Rücken hinaufgetragen. Allerdings war da auch noch nicht so viel Wirtschaftsbetrieb wie in den späteren Jahren, und die Transportmenge hielt sich in Grenzen.

1969 kauften wir uns einen Motorschlitten. Der hatte allerdings nur wenige PS und keinen Rückwärtsgang. Wenn wir ihn einmal in eine Schneewächte gefahren hatten, mussten wir ihn von Hand wieder herausziehen oder herausheben, und das war eine üble Plackerei!

Auch bei Neu- oder Tiefschnee musste man sich erst meterweise mit den Schneeschuhen und einer Schnee-schaufel vorarbeiten, ansonsten wäre der Motorschlitten im weichen Schnee versackt. Wie schnell da ein Unglück passieren kann, habe ich am eigenen Leib erfahren müssen.

Es war Anfang April, unser Weg war teilweise schon schneefrei und man konnte mit dem Haflinger und Schneeketten schon recht weit hinauf fahren. Nur das letzte Stück, vom Wald zum Haus, mussten wir zu Fuß gehen. Über Nacht hatte es wieder geschneit, an die zehn Zentimeter Neuschnee waren es. Ich war recht froh darüber, musste ich doch runter ins Tal zum Einkaufen, und Hans wollte mich mit dem Motorschlitten bis zum geparkten Haflinger bringen. Recht locker saß ich auf der kleinen Bank auf der Ladefläche, hielt mich am Geländer fest, und los ging die Fahrt. Plötzlich kippte der Schlitten zur Seite um, denn unter dem Neuschnee verborgen war eine unterhöhlte Eisplatte, die unter dem Gewicht einbrach.

Der Schlitten blieb in gefährlicher Lage an der Wegkante hängen. Hans konnte noch geistesgegenwärtig abspringen, aber ich hing, mit meinen Füßen im Rahmen verkeilt, mit dem Oberkörper über dem Abhang. Ich konnte das Knacksen hören, als mein Fuß brach, aber die Angst, dass der Schlitten über mich hinweg abrutschen und mich in die Tiefe reißen könnte, war weitaus größer als dieser Schmerz. Gott sei Dank gelang es Hans, den Schlitten auf den Weg zurückzuziehen und mich zu retten. Bis zum Haflinger konnte ich mit seiner Hilfe noch humpeln, dann ging es hinunter nach Oberaudorf ins Krankenhaus. Mein Knöchel war gebrochen, und ich bekam einen Gips.

Was war ich froh, dass meine Johanna schon so groß war und so tüchtig! Sie hat sozusagen den »Laden geschmissen« und auch noch gleich den fälligen Frühjahrsputz erledigt.

Sobald ich konnte, half ich wieder mit, und endlich wurde auch der Gips entfernt, aber gehumpelt habe ich immer noch. Eines Tages schaute mich ein Gast, dem ich ein Getränk gebracht hatte, mitleidig an und meinte zu mir: »Hat d'Muatta Gicht?«

Da war ich ausnahmsweise um eine Antwort verlegen – schließlich war ich gerade mal 40 Jahre alt!

Später wurden die Motorschlitten besser. Sie erhielten stärkere Motoren und Getriebe mit Rückwärtsgang, aber vorarbeiten musste man nach wie vor. Wenn es die ganze Nacht geschneit und vielleicht dazu noch Verwehungen gegeben hatte, hat Hans selbst mit dem Motorschlitten drei Stunden bis zur Rechenau hinunter gebraucht, und oft genug war der Weg wieder zugeweht, bis er den Rückweg mit dem Schlitten angetreten hat. Da ist man an manchen Tagen lieber gleich im Haus geblieben und hat gewartet, bis sich das Wetter beruhigt und der Schnee etwas gesetzt hatte. Das waren dann die wirklich »staaden« Tage droben am Brünnstein, die wahre Bergeinsamkeit, denn dann war auch zu Fuß kein Durchkommen mehr.

Wenn es tief verschneit und zugeweht war, lag der ganze Berg wie unter einem riesigen, weißen Federbett verborgen. Kein Weg war auch nur zu erahnen, und es herrschte eine tiefe Stille, die nur gelegentlich vom Schrei eines Vogels unterbrochen wurde. In der Sonne glitzerten die Schneekristalle wie Tausende von funkelnden Diamanten. So ein Wintertag droben am Berg erzeugt ein ganz besonderes Gefühl. Man ist wie abgeschnitten von der übrigen Welt. Manchmal hat der Hans an solchen Tagen eine Skispur bis zum Wald gezogen, um ganz Unerschrockenen oder Tourengehern den Weg in unsere Bergeinsamkeit zu weisen.

Aber nicht immer waren die Winter so schneereich und kalt. Ich erinnere mich zum Beispiel an einen Winter, in dem die Leute am Dreikönigstag, also am 6. Januar, auf der Wiese vor dem Haus beim Brotzeitmachen gesessen sind. Im Haus war kein Platz mehr, so viele Gäste waren bei der frühlingshaften Witterung heraufgekommen.

Es kam gar nicht so selten vor, dass es an Weihnachten so warm war, dass die Leberblümchen geblüht haben. Das Wetter schlägt also nicht erst in diesen Tagen seine Kapriolen, und die Märchen von der »weißen Weihnacht« sind nicht einmal in den Bergen immer wahr.

Einer der Meilensteine in der Geschichte des Brünnsteinhauses war die Anlage einer Rodelbahn. Gleich im ersten Winter des Bestehens, also 1894, wurde eine solche gebaut. Man hat sie durch das Hinunterziehen gefällter Baumstämme grob vorgeformt, dann wurde die Rinne von Holz- und Bauerknechten von Hand ausgeschaufelt und glatt geklopft. Dass sich jedoch aus diesem Wintervergnügen das Zentrum des Rodelsportes in Bayern, ja in ganz Deutschland entwickeln würde, hat damals wohl niemand gedacht.

Ab 1899 legte man in jedem Winter eine Rodelbahn an, auf der bis zum Ersten Weltkrieg zahlreiche Rennen und Wettbewerbe ausgetragen worden sind. Die Krönung dieser Rennen war am 3. Januar 1906 die »Erste Rodelmeisterschaft für das Königreich Bayern«, für die der damals regierende Prinzregent Luitpold höchstpersönlich die Schirmherrschaft übernahm. Dieses Preisrodeln hatte der Oberaudorfer Wintersportverein organisiert, der 1905 gegründet worden war und heute noch besteht. Mitglieder dieses Vereins haben viele Meisterschaften gewonnen, erfolgreich an Ski-Weltcups teilgenommen, und der Oberaudorfer Hubert Schwarz hat sogar eine olympische Goldmedaille in der nordischen Kombination errungen.

An die drei Stunden benötigten die Rodler für den strapaziösen Aufstieg, und in sechs bis zehn Minuten bewältigten die wagemutigen Männer in gefährlich halsbrecherischer Fahrt die sechs Kilometer lange und teilweise extrem steile Abfahrt.

Aber auch die Bevölkerung und die Wanderfreunde hatten ihren Spaß am Rodeln. Da ging es allerdings weitaus gemütlicher zu. Der Anstieg blieb trotzdem keinem erspart, aber erst stärkte man sich im Brünnsteinhaus, bevor man sich an die Abfahrt wagte. Sogar einige schneidige Damen trauten sich das Abenteuer zu, den langen Rock unten an den Füßen zusammengebunden, wegen der Schicklichkeit! Für sie wurde sogar ein spezieller Schlitten konstruiert, das so genannte »Oberaudorfer Damen-Böckel«. Dieser hölzerne Schlitten hatte zwischen den vorderen Kufen ein Brett angebracht, »damit es den Damen nicht unter den Kittel weht beim Fahren«.

An die 180 Schlitten standen im Stadel bereit, und an manch schönem Wintertag zählte man an die 300 Rodler.

Bis in die Dreißigerjahre hinein war der Rodelsport am Brünnstein eines der beliebtesten Wintervergnügen für Jung und Alt, dann flaute er mehr und mehr ab, zum einen bedingt durch das Aufkommen des Skilaufs, aber auch weil sich keine Männer mehr fanden, die die Knochenarbeit des Rodelbahnbaues auf sich nehmen wollten, und Maschinen dafür hatte man nicht.

Zu unserer Zeit hat Hans diese alte Tradition wieder belebt. Er hat mit dem Motorschlitten eine Bahn gespurt bis zur Rechenau. Das hört sich allerdings leichter an, als es getan war, denn auch da ging es ohne kräftiges Schaufeln nicht ab.

Inzwischen ist es wieder sehr beliebt, an einem schönen Wintertag mit dem Schlitten hinunter zur Rechenau zu fahren – aber nur für jene, deren Bandscheiben das aushalten!

Ganz ungefährlich ist dieser Spaß allerdings nicht, und wenn es sehr eisig war, haben wir keine Rodel ausgegeben, ebenso wenig bei Dunkelheit. Aber den Leuten, die ihren eigenen Schlitten dabeihatten, konnte man die Abfahrt nicht verbieten. Wir konnten sie nur warnen.

Oft genug habe ich gezittert und gebangt, wenn sich Gäste nach Alkoholgenuss in der Dunkelheit frohgemut und unter Gelächter auf ihren Schlitten schwangen und losfuhren. Ein Wunder, dass in all den Jahren nichts wirklich Schlimmes passiert ist. Vielleicht haben meine guten Wünsche und manches Stoßgebet zum Himmel doch etwas genützt?

Ein kommerzielles Skigebiet ist der Brünnstein nicht, da wir keine Piste und vor allem keinen Lift haben. Aber in Oberaudorf selbst wurde vor kurzem am Hocheck ein Vierer-Sessellift gebaut mit Abfahrtspiste, sogar mit Nachtskilauf bei Flutlicht und je einer langen Rodelbahn für Sommer und Winter.

Zu uns kamen nur Tourengeher, die mit Fellen an den Skiern aufstiegen und dann durch unberührten Tiefschnee auf der Nordseite des Gipfels und teils durch den Wald abfuhren. Dieses Tourengehen wird wieder sehr beliebt, da manchen das Treiben in den alpinen Skigebieten zu grell und zu laut geworden ist.

Außerdem haben wir rundum eine Menge von attraktiven Skigebieten: das Spitzingseegebiet, das Sudelfeld, den Wendelstein …, da ist es ganz schön, dass es auch noch Bereiche gibt, die davon unberührt sind.

Was die sportliche Betätigung am Berg angeht, waren

wir einiges gewohnt, besonders im Winter. Aber dass man einmal auch mit dem Fahrrad zum Brünnsteinhaus fahren würde, das hätten früher selbst wir nicht geglaubt. Und doch kam – wir trauten unseren Augen kaum – eines Tages der erste »Mountainbiker« daher, abgekämpft und von Schweiß triefend.

Irgendwann einmal hatten wir aus Jux vor dem Haus einen Radlständer aufgestellt, der von Gästen immer sehr belacht worden war. Jetzt kam doch tatsächlich ein Radfahrer daher, starrte verdutzt auf den Radlständer, stellte seinen Drahtesel hinein und fragte gedehnt, so als sei er eher enttäuscht als verwundert: »Jaah, kommen da mehrere mit dem Radl rauf?«

Wir konnten ihn beruhigen, er war der Erste, aber er sollte bei weitem nicht der Letzte bleiben! Dass es einmal fast gang und gäbe sein würde, mit dem Mountainbike auf die Berge zu fahren, ahnten wir damals allerdings nicht. An jenem Tag jedenfalls war es eine Sensation, dass einer so »verrückt« war, mit dem Radl hier heraufzufahren! So ändern sich die Zeiten!

So mancher Wanderer ärgert sich über die Radlfahrer, doch schwarze Schafe gibt es bekanntlich überall. Man erschrickt halt, wenn ohne Vorwarnung plötzlich ein Radler an einem vorbeizischt. Einmal wurden wir deswegen auch öffentlich angegriffen, als ein verärgerter Bergsteiger in unserer Heimatzeitung einen Leserbrief schrieb, in dem es hieß: »Solange es so profitgierige Hüttenwirte gibt, die sogar Radlständer vor ihrem Haus aufstellen …«

Umgekehrt traf uns die Kritik ernsthafter Mountainbiker. Denn wir hatten unseren Radlständer als »Bergradlständer« deklariert, und so stand irgendwann in einem Tourenführer für Mountainbiker die Frage, »ob der Sektion Rosenheim das Wort ›Mountainbike‹ noch nicht bekannt« sei. Aber in dem Führer stand auch sonst viel Blödsinn.

Die beliebteste Freizeitbeschäftigung bei uns ist und bleibt jedoch das Bergwandern, und die Krönung ist die Besteigung des Brünnsteingipfels, der von unserem Haus aus in ungefähr 30 Minuten zu bewältigen ist. Es führt ein Klettersteig hinauf, der 1898 von der Sektion in Auftrag gegeben und von eben jenem Georg Seebacher gebaut wurde, der Jahre später so tragisch ums Leben kam.

Zu Ehren des Vaters des Brünnsteinhauses wurde dieser Steig »Dr.-Julius-Mayr-Weg« genannt. Er führt durch eine Schlucht an der Südwand hinauf zum Gipfel mit der kleinen Kapelle.

Fünf Monate hat einst der Georg Seebacher mit zwei Gehilfen daran gearbeitet. Ein Zentner und 30 Pfund Pulver wurden für die nötigen Sprengarbeiten verbraucht. 252 hölzerne Stufen, ein eisernes und acht Holzgeländer sowie 170 Meter Drahtseil helfen dem Wanderer hinauf auf den Gipfel, den man von der Kapelle über einen schmalen Grat erreicht. Dort, am Gipfelkreuz, kann sich der stolze Gipfelstürmer in das Gipfelbuch eintragen. Viele lustige und auch weniger lustige Sprüche stehen drin, aber das ist ein anderes Thema. Schaut doch einmal selbst hinein! Schwindelfrei und trittsicher sollte man allerdings trotz aller Hilfen schon sein, wenn man den Brünnstein bezwingen will. Nicht dass es euch so ergeht, wie es mir selbst einmal ergangen ist:

Vor längerer Zeit waren Gebirgspioniere der Bundeswehr aus Brannenburg im Rahmen einer Übung am Brünnstein stationiert. Unter anderem haben sie auch den Weg zum Gipfel instand gesetzt.

»Mei, ist der Weg jetzt schön, soo gut zu gehen, fast wie eine Autobahn«, waren die Kommentare der heimischen Bergwanderer. Einige Zeit hab ich mir das angehört, und eines Tages war mein Entschluss gefasst!

»Wenn unser Gipfelweg jetzt eine Autobahn ist, kann ich ja auch mal raufgehen.«

Bis dahin – man glaubt es kaum – war ich noch nie oben gewesen, ich bin nämlich nicht schwindelfrei! Geärgert hatte es mich schon immer ein bisschen, wenn alle vom Gipfel und der herrlichen Aussicht geschwärmt haben. Jetzt war ich entschlossen, meinen inneren Schweinehund zu überwinden. Was jeder Halbschuhtourist schafft, das würde ich doch auch können! Das wär' doch gelacht!

Mit guten Ratschlägen vom Hans ausgestattet bin ich losmarschiert. Erst ist es noch ganz gut gegangen, und ich bin recht vorsichtig aufgestiegen. Der Weg ist sehr schmal geworden, rechts steiler Fels bergauf, links steiler Fels hinab, eine Wegbiegung vor mir. Wie würde es dahinter weitergehen? Meine Angst und Unsicherheit stiegen. Was wäre, wenn ich weitergehen und mich nicht mehr zurücktrauen würde? Der Gedanke, dass ich, die Hüttenwirtin, schlotternd auf dem Weg sitzend, von der Bergrettung abgeholt werden müsste, ließ mich in Panik geraten. Wie die mich alle derblecken täten! Das wäre eine schöne Blamage! Bis ans Ende meiner Tage würde ich das zu hören kriegen! Also blieb mir nichts anderes übrig als umzukehren, voll Wut über meine Schwäche!

Aber selbst der Abstieg war schwieriger, als ich gedacht hatte. Wie war ich froh, dass mir niemand begegnete! Das wäre ein Bild gewesen: die Brünnsteinwirtin, wie sie auf dem Allerwertesten die steilen Stücke des Weges hinabrutschte! Wie war ich froh, als ich endlich unten angekommen war! Von da war mein Entschluss gefasst: »Dieser Gipfel hat bisher ohne mich gestanden, und er wird auch weiterhin ohne mich stehen.«

Viele Jahre später habe ich es dann doch gepackt, allerdings auf dem leichteren Weg von hinten über Himmelmoos, und der Hans hat mich geführt. Das war allerdings das erste und letzte Mal, und ein rechter Genuss war der Aufstieg für mich nicht, trotz der Hilfe vom Hans. Aber schön ist es schon, wenn man endlich droben ist, und die Aussicht ist wirklich grandios.

So kam ich doch noch zu meinem Gipfelerlebnis.

Bei der Bergmesse auf über 1300 Metern Höhe fühlt man sich Gott umso näher.

5. Kapitel

Essen und Trinken hält Leib und Seel' zusammen!

Wie ich doch noch das Kochen gelernt habe

Da ich schon unter den alten Pächtern einige Zeit als Bedienung auf dem Brünnstein gearbeitet hatte, kannte ich bei meinem Antritt als Hüttenwirtin bereits viele Gäste, vor allem die Stammgäste. Das hat mir anfangs die Arbeit sehr erleichtert, wusste ich doch bereits, wer sein Bier kalt trinkt oder einen Bierwärmer will, wer eine besondere Vorliebe für bestimmte Gerichte hat, und manch andere Eigenheiten der Gäste. Darüber freut sich der Besucher, und er fühlt sich gleich heimischer, wenn man ihn und seine Gewohnheiten kennt und darauf eingeht.

Die Frau Randl, die an unserem ersten Tag als Hüttenwirte wegen des Unfalls ihrer Tochter verhindert gewesen war, kam später oft herauf, und sie hat mir dann das Kochen so richtig beigebracht, mit allen möglichen Küchentipps und -tricks. Auch später noch, als sie nicht mehr hinaufkam auf den Berg, habe ich oft mit ihr telefoniert, wenn irgendetwas nicht so gelingen wollte. Vieles habe ich mir auch aus Kochbüchern abgeschaut und dann die angegebenen Zutatenmengen einfach mal zwanzig genommen.

Die Essensgewohnheiten haben sich inzwischen sehr geändert. Unsere ersten Jahre auf dem Brünnsteinhaus fielen in die Zeit, in der es sich endlich auch der Arbeiter oder Handwerker leisten konnte, gelegentlich zum Mittagessen zu kommen, und es war ausreichend, wenn ich ein oder zwei Hauptgerichte und eine Suppe auf der Karte hatte.

Heute braucht man wochentags fast kein Mittagessen mehr vorzubereiten. Die Leute sind viel sportlicher, essen mittags nichts oder zumindest nichts Schweres, und die Touristen oder Urlaubsgäste haben alle im Hotel ihr Frühstücksbuffet oder Halbpension. Da hat mittags keiner mehr großen Appetit. Trotzdem verlangt der Gast eine größere Auswahl. So hatten wir am Wochenende, wenn viel Betrieb war, eine erweiterte Speisekarte:

Die obligatorische Erbsensuppe mit Würstl gab es immer, Leberknödel-, Speckknödel- oder Pfannenkuchensuppe wurden gerne bestellt, ebenso der Linseneintopf. Beliebt waren natürlich auch der bayrische Schweinsbraten, das Wiener Schnitzel und, je nach Jahreszeit, Gamsbraten oder Pichelsteiner.

Später wurde auch oft vegetarische Kost verlangt: Da gab es Bratkartoffeln mit Kräuterquark, Kaspressknödel in Suppe oder mit Sauerkraut, Kasspatzen und natürlich die diversen Mehlspeisen.

Die Vorratshaltung war nicht so einfach, denn es gab früher keine Tiefkühltruhen oder Mikrowellengeräte zum schnellen Auftauen, die das Wirtschaften und Kochen heute viel einfacher machen.

Dafür hat der Kuchenverzehr zugenommen, denn um die Nachmittagszeit haben dic Leute dann wieder

Appetit, da sind die Kuchen sehr beliebt. Unsere Spezialität war ein Käsekuchen, und die Johanna, unsere Tochter, hat die schönsten Kuchen gebacken.

Irgendwann habe ich dann einmal meinen ersten Gamsbraten gemacht, und ich kann mit Stolz sagen, dass sowohl der Braten als auch das Gamsgulasch eine gewisse Berühmtheit erlangt haben. Allerdings hatte ich, zumindest am Anfang, ziemliche Probleme mit dem Wildgeruch des Gamsfleisches, fast gewürgt hat es mich, wenn das Fleisch zum Zerteilen auf dem Küchentisch lag. Der Hans musste das Fleisch immer anbraten und auch beim Abschmecken der Sauce helfen, denn ich konnte den Wildgeschmack nicht ausstehen. Erst später wurde auch das besser, und heute macht mir das »Wildeln« von Fleisch nichts mehr aus.

Zur Kirchweih, die jedes Jahr traditionell am dritten Wochenende im Oktober gefeiert wird, gab es neben dem obligatorischen Schweinsbraten auch den ersten Gamsbraten mit hausgemachten Spätzle und Preiselbeeren. Später zum Kaffee haben wir »Aus'zogene« gebacken, ein beliebtes Schmalzgebäck, das wie ein kleiner Fladen ausgezogen und in Butterschmalz ausgebacken wird, daher der Name.

Zum zweiten Weihnachtsfeiertag war es Tradition, dass ich ein großes Gamsbratenessen gerichtet habe, und die Stube war immer brechend voll. Manchmal fanden die Leute gar keinen freien Stuhl mehr, und wir mussten sie bitten, erst noch eine kleine Winterwanderung zu machen, bis wieder Platz frei wurde. Da ist es schon mal vorgekommen, dass wir Leute aus Versehen ein zweites Mal zu einer Wanderung schicken wollten. Je nach Stimmung haben die dann entgeistert oder empört gefragt:

»Was, noch mal eine Wanderung? Wir waren doch schon eine Stunde unterwegs!«

Nach dem Essen gab es »vom Haus« einen Teller voller selbst gebackener Weihnachtsplätzchen, die sehr begehrt waren. An die 33 Kilogramm Gebäck haben wir da gebacken, über einige Tage lang, alles in Handarbeit geformt und verziert. Wer gerne und viel Weihnachtsplätzchen macht, weiß, was das bedeutet! Das Kletzenbrot, das der Hans nach seinem Geheimrezept bäckt, ist ebenfalls berühmt und beliebt, und noch heute verschenken wir solche Weckerl zu Weihnachten an Freunde und Bekannte. »Es schmeckt viel besser als das aus dem Laden«, wird ihm immer wieder versichert.

Natürlich haben wir auf Wunsch für kleinere Gesellschaften, etwa bei Geburtstagen, Silberhochzeiten oder Betriebsausflügen, auch spezielle Gerichte zubereitet, und dann ist es meist recht lustig zugegangen. Musikanten haben aufgespielt mit der »Ziach«, der diatonischen Ziehharmonika, und der Gitarre, und es wurde gesungen. So manchem Gast wird sein Jubiläum bei uns in guter Erinnerung sein.

Oft haben sich auch Musikanten zum »Hoagascht« bei uns getroffen, die aus purer Freude an der echten Volksmusik gespielt haben. So manche bekannte Gruppe wie die »Riederinger Sänger«, die »Hinterberger Musikanten«, die »Spitzstoaner«, um nur einige zu nennen, waren da, nicht zu vergessen der Eibl Sepp, bekannt durch seine Volksmusiksendungen im bayrischen Fernsehen. Da wurde musiziert und gesungen, und der Hans mit seinem schönen Tenor hat mit dem Oberdörfler Hans gesungen und gejodelt, dass es eine wahre Freude war.

Bei uns in Bayern ist es Brauch, dass zu bestimmten Jubiläen oder Geburtstagen eine Bildscheibe ausgeschossen wird. Die Scheibe ist eine Ehrengabe, schön bemalt und wird normalerweise an einem Schießstand unter Beschuss genommen. Wer den besten Schuss erzielt, ist der Gewinner und darf die Scheibe als Trophäe mit nach Hause nehmen. Einen Schießstand hatten wir zwar nicht aufzuweisen, aber unter allen nötigen Vorsichtsmaßnahmen haben wir doch immer wieder im Freundeskreis Scheiben ausgeschossen, auch wenn das nicht ganz legal war. Als Kugelfang war der so genannte »Denkmalhang« gegenüber der Bergwachthütte bestens geeignet, ein natürlicher Berghang, der von einem Denkmal zu Ehren eines früheren Alpenvereinsmitgliedes gekrönt ist, das sich beim Bau des Hauses verdient gemacht hat. Ein Stamperl Schnaps als Zielwasser war obligatorisch, und hinterher wurde üppig gegessen und getrunken.

Sogar eine Hochzeit mit kirchlicher Trauung und anschließendem Hochzeitsmahl wurde einmal bei uns droben auf dem Brünnsteinhaus gefeiert. Dazu haben wir noch Ende Oktober im Freien einen kleinen Altar aufgebaut und mit Blumen geschmückt, obwohl auf den Wiesen schon der erste Schnee lag. Zu dieser Zeit hatten wir eine zahme Hirschkuh, die Susi, die alle roten Blumen zum Fressen gern hatte, so auch an diesem Tag. Als wir nach dem Empfang im Haus zum Altar hinausgingen, waren alle roten Blumen vertilgt und auch der restliche Schmuck rundum verstreut. Aber das tat der Feierlichkeit der Trauung keinen Abbruch. Vollzogen hat sie der damalige Pfarrer von Oberaudorf, dem für eine Hochzeit kein Weg zu weit oder zu hoch war.

Es ist noch hoch hergegangen an diesem Tag, mit Essen, Trinken, Musik und Tanz bis spät in die Nacht. Die Musikanten haben gar kein Ende gefunden und das Brautpaar und die Gäste am frühen Morgen bereits wieder mit einem Ständchen geweckt.

Die größte Gaudi gab es, als die Hirschkuh Susi frühmorgens mit dem Nachthemd der Braut bekleidet zum Frühstück in der Gaststube erschien. Wem dieser Jux wohl eingefallen war? Ich hatte da schon so meine Vermutung, man kennt ja seine Leut'.

Das ist jetzt auch schon wieder 25 Jahre her, und das Paar hat inzwischen seine Silberhochzeit gefeiert.

Auch ein eher unfreiwilliges Verlobungsessen gab es einmal. Der Sepp war Stammgast bei uns und brachte gelegentlich eine neue Freundin mit. So ganz das Richtige war es nie, aber eines Tages kam er mit der Paula daher. »Wenn ich mich einmal verlob, dann gibt es auf dem Brünnsteinhaus eine richtige Feier!«, tönte er oft am Stammtisch bei seinen Freunden. Die Paula hat uns allen gut gefallen, und tatsächlich, der Sepp und die Paula verlobten sich.

Nur die versprochene Feier ließ endlos auf sich warten, und da beschlossen seine Freunde, dem etwas nachzuhelfen.

Sie bestellten bei mir für den kommenden Samstag ein feierliches Verlobungsessen. Ich habe den Tisch festlich gedeckt, mit Platzkarten und einer Menükarte, auf der stand:

»Verlobungsessen für Sepp und Paula.« Natürlich gab es Schweinshaxen mit Knödeln und Salat. Denn wir wussten: Das war das Lieblingsgericht des Bräutigams.

»Sepp, das finden wir aber nobel von dir, dass du uns so großartig zu deiner Verlobung einlädst. So eine schöne Überraschung! Wir wünschen euch von Herzen alles Gute!« So und ähnlich bedankte sich jeder der Gäste beim Sepp, und dann wurde gegessen und getrunken, was das Zeug hielt.

Dem Sepp hat es die Stimme verschlagen, sein Lachen klang eher gequält, aber er hat es auch nicht gewagt, etwas dagegen zu sagen. Allerdings hat er bei der Schweinshaxe nicht mit dem gewohnten Appetit zugelangt. Die Paula dagegen hat sich herzlich gefreut über das unverhoffte Verlobungsessen.

Es wurde eine zünftige Feier, bis in die tiefe Nacht wurde gegessen und getrunken, gesungen und gelacht, und auch der Sepp selbst ist immer lustiger geworden – solange er nicht an die Rechnung gedacht hat. Am glücklichsten war er allerdings, als ihm seine Freunde zum Schluss verraten haben, dass sie die Kosten des Ganzen übernehmen würden – sozusagen als Verlobungsgeschenk. So hatte alles wieder seine Richtigkeit, und die beiden sind seit langem glücklich verheiratet.

Nicht nur das Essen, auch das Trinken spielt bei uns in Bayern eine große Rolle. In Oberaudorf gibt es eine kleine spezielle Weißbierbrauerei. Sie war sogar einmal im Buch der Rekorde verzeichnet, als die »Einmannbrauerei mit dem größten Bierausstoß«.

Der Besitzer heißt Bals, und das Bier wird mundartlich »Boisei« genannt. Es ist Tradition, dass man dem Gast nur das erste Bier einschenkt, die weiteren Flaschen stellt man auf den Tisch. Diese Flaschen haben nämlich einen Bügelverschluss wie in früheren Zeiten, und zum Genuss dieses naturtrüben Bieres gehört es, den Verschluss so richtig schnalzen zu lassen.

Auch bei uns auf dem Brünnstein war dieses Bier sehr beliebt, so zum Beispiel bei einer Gruppe von Wanderern aus Rosenheim, die über viele Jahre fast jeden Samstag zu uns kam. Für sie war ein eigener Tisch reserviert, und mit einem Schnapserl wurden sie begrüßt. Über Gott und die Welt haben sie diskutiert, es war eine Freude, ihnen zuzuhören, und wir haben uns im Laufe der Zeit richtiggehend mit ihnen angefreundet. Diesen Männern schmeckte das »Boisei« besonders gut, und so nach der siebten Halbe kam regelmäßig der Ausruf: »Mei, schön ist's auf der Welt!«

Wenn sie nicht mehr ganz so standfest waren, hat der Hans sie öfters mit dem Jeep ins Tal hinuntergefahren. Einmal kam mir diese Aufgabe zu. Ganz geheuer war es ihnen nicht, dass eine Frau sie den Berg hinunterkutschieren sollte, und als sie mich fragten, ob ich denn wüsste, was für eine wertvolle Fracht ich geladen hätte, meinte ich lachend: »Ja, ich weiß schon, drei Tragl Boisei sind's!«

Eine alte Hüttenwirtsregel lautet: Bis Kirchweih muss der ganze lagerfähige Wintervorrat droben auf dem Berg sein, da man bei mehr Schnee nicht mehr mit dem Auto fahren kann.

Wir haben zudem traditionell an Kirchweih geschlachtet. Die ersten Jahre haben wir selbst Schweine gehalten, die im Untergeschoss des Hauses untergebracht waren und mit Essensabfällen und Kartoffeln gefüttert wurden. Im Frühjahr wurden zwei Ferkel gekauft, das erste wurde Mitte Oktober geschlachtet.

Zum Schlachten ist der Metzger aus dem Tal hinaufgekommen, und danach hat es Leber- und Blutwürste gegeben, dazu ein »Wammerl« – das ist der Bauchspeck – mit Kraut und Knödel. Die Stammgäste sind zur »Schlachtschüssel« eingeladen worden.

Das zweite Schwein musste zu Weihnachten dran glauben. Wenn es viel Schnee hatte, war es ein Problem, den Metzger zum Schlachten und den Tierarzt wegen der Fleischbeschau auf den Berg zu bringen. Zu Fuß zu gehen, konnten wir ihnen nicht zumuten, und der Motorschlitten war damals noch ein sehr primitives Gefährt. Irgendwie hat es dann aber doch immer wieder geklappt, und das letzte Stündchen des Schweins hatte geschlagen.

An Weihnachten wurde gut gegessen und getrunken, das übrige Fleisch wurde in der Holzhütte nebenan zum Gefrieren aufgehängt. Über Silvester und Neujahr wurde noch ein Teil verbraten, und was nicht verbraucht war, wurde »eingesurt«. Dazu hat man das Fleisch eingesalzen, in das »Surfassl« gelegt, nach einiger Zeit abgewaschen und bei einem Bauern der Gegend im Kamin geräuchert. Aber wie es so geht: Einmal geschah es, dass das Wetter umgeschlagen hat, draußen wurde es zwar wunderbar warm, aber dafür war unser Fleisch verdorben.

Irgendwann hat sich die Schweinehaltung nicht mehr rentiert. Die Ferkel sind immer teurer geworden, der Metzger und der Tierarzt haben gekostet, es war nur noch ein Haufen Arbeit für uns, denn an so einem Schlachttag ist viel zu tun und hinterher sauber zu machen – und ehrlich gesagt haben mir die Schweinderl auch immer Leid getan.

Außerdem muss ich zugeben, dass es in der Gaststube manchmal allzu sehr nach Schweinestall gestunken hat. Denn zwischen Keller und Erdgeschoss war noch kein solider Betonboden, sondern ein so genannter Fehlboden aus Balken und Brettern, der den Keller nicht luftdicht abgeschlossen hat. Auch wenn man den Stall sauber gehalten hat, es hat nichts genutzt, denn ein rechter Saustall stinkt halt, da kann man nichts ändern.

Selber geschlachtet haben wir nicht mehr, aber trotzdem hat es hin und wieder, zum Beispiel als Abschluss eines größeren, freiwilligen Arbeitseinsatzes von Sektionsmitgliedern, ein »Saukopfessen« gegeben.

Dazu haben wir einen ganzen Saukopf in einem großen Topf mit Wurzelsud gekocht und dann auf einer Platte präsentiert. Dazu hat es Sauerkraut und Semmelknödeln gegeben. Einige »Liebhaber« dieses sehr deftigen Gerichts bevorzugten den Rüssel und die Ohren, andere die Schweinebacken. An die zehn Leute konnten sich an so einem Saukopf satt essen. Dazu wurde natürlich reichlich Bier getrunken, viel gelacht und »dischkriert« bis tief in die Nacht.

Nach meinem Geschmack war so ein Essen nicht, aber der Hans gehörte zu den »Liebhabern«. Die Geschmäcker sind ohnehin sehr verschieden, da kann man als Wirt allerhand Kurioses erleben, wie zum Beispiel einen Gast, der seinen Kaiserschmarren grundsätzlich ohne Zucker bestellte, weil er den Schmarren lieber mit »Maggi«, der bekannten braunen, flüssigen Suppenwürze, gegessen hat.

Wie schon gesagt, die Erbsensuppe war immer vorrätig, und sie wurde auch gerne bestellt, mit oder ohne Wiener Würstl, denn sie ist das klassische Hüttenessen schlechthin. Es gab sie den ganzen Tag, denn es ist eine Vorschrift des Alpenvereins, dass für die Mitglieder immer ein warmes Essen bereitgehalten werden muss, und das bis 21 Uhr abends.

Das bringt einen ziemlich großen küchentechnischen Aufwand mit sich, der uns von den Gästen nicht immer gedankt wurde. Da kam einmal ein junger Mann in die Küche, stellte seinen fast leeren Suppenteller hin und meinte flapsig: »So eine schlechte Suppe hab' ich nicht einmal im Krieg gegessen!«

Ich war total perplex, denn es hatte sich noch kein anderer Gast über die Suppe beschwert. Ich hab' sie gleich probiert, und sie war völlig in Ordnung. Immerhin hatte der Bursche fast den ganzen Teller leer gegessen, sooo schlecht konnte sie also doch nicht gewesen sein, und von dem, was den Menschen in Kriegszeiten zugemutet worden war, hatte dieser Lausbub wohl kaum eine Ahnung.

Auch von den Erwartungen an die Essensportionen her sind die Leute recht unterschiedlich. Während die eine wie ein Vogel an ihrem Salatblatt knabbert, verdrückt der zweite zwei stattliche Portionen eines Bratens und hat dann noch Appetit auf einen deftigen Nachtisch.

Eine junge Frau hat uns einmal besonders verblüfft. Sie bestellte Spiegeleier, und auf meine Frage, ob es zwei oder drei sein sollten, meinte sie: »Sechs bis sieben wären schon recht!«

In der Küche draußen haben wir uns schon ziemlich gewundert: »Sechs bis sieben Eier, das ist ja der reine Wahnsinn!« Einer nach dem anderen ging zur Tür und spähte verstohlen nach der Eierliebhaberin. Ich briet ihr dann sechs Eier, dazu aß sie zwei Semmeln und eine Scheibe Brot mit Butter.

Doch es sollte noch besser kommen. Beim Abservieren – der Teller war leer – stellte ich die übliche Frage: »Hat es geschmeckt?«

»Ja, gut war es, bringen Sie mir noch einmal das Gleiche!«

Sie hat tatsächlich auch noch die zweite Riesenportion gegessen, und mir war fast schlecht in der Küche vor lauter Eiern.

Natürlich ist auch mir nicht alles gelungen, und kleinere »Katastrophen«, wie sie jeder Köchin passieren, sind in der Hitze des Gefechtes nicht ausgeblieben, sei es, dass die Semmelknödel zerfallen sind, weil ich die Eier vergessen hatte, oder eine Mehlspeise von der Karte gestrichen werden musste, weil ich statt in die Zucker- in die Salzdose gegriffen hatte. Auch mancher Kuchen war nicht mehr zu retten, wenn er zu verbrannt war.

Mit der Bundeswehrkost habe ich auch so meine Erfahrungen gemacht. Da waren einmal Pioniere am Brünnstein im Einsatz, und ich hatte die Aufgabe, sie zu verköstigen. Sie hatten Konserven von ihrem Standort mitbekommen, aber ich habe für sie frisch gekocht, was ihnen auch viel besser geschmeckt hat. Die Konserven hatten sie dagelassen, und ich hatte sie in der Vorratskammer gelagert. Irgendwann später einmal habe ich eine der Dosen, eine ziemlich große, geöffnet: »Gefriergetrocknetes Blaukraut« stand drauf, aber kein Hinweis auf die Zubereitungsart.

Für die Größe der Dose war der Inhalt ziemlich gering, ein paar Hand voll trockenes, ziemlich leichtes Kraut von einer undefinierbaren Farbe. Ich schüttete es

76

in einen kleinen Topf, bedeckte es mit Wasser und schaute neugierig zu, was sich tat. Das Kraut fing an zu quellen, und im Nu war der Topf am Überlaufen. Schnell einen größeren Topf her und umgeschüttet, aber auch der war im Nu wieder voll. So ging das vier Mal, und ich bin mir bald vorgekommen wie in dem Märchen vom süßen Brei, der sich auch auf wundersame Weise vermehrte, überquoll, die ganze Stube, das ganze Haus und bald das ganze Dorf ausfüllte.

Ich hörte auf, Wasser nachzugießen, denn das Kraut quoll und quoll, denn es war eben eine Portion für eine Kompanie Soldaten. Ich probierte das Kraut erst mal, es schmeckte wie eingeschlafene Füße, und all meine Küchenkünste mit Gewürzen halfen nicht, es besser zu machen. Das konnte ich keinem Gast zumuten, höchstens den Schweinen, denn die fressen bekanntlich alles, außer Zitronen. Also füllte ich das Blaukraut in die Eimer, in denen wir Schweinefutter sammelten. Damit schickte ich den Hans zur Uschi, der Sennerin auf der Seeonalm, und ließ ihr ausrichten: »Da hast etwas für deine Schweine, lass es aber vorher noch gut quellen, nicht dass es deine Sau zerreißt!«

Eine meiner beliebten Spezialitäten war der Kaiserschmarren. Aber dazu braucht man eine große Pfanne, und oft war einfach nicht genügend Platz auf der Ofenplatte. Ich hatte auch nicht immer Zeit für die frische Zubereitung, und ein Kaiserschmarren schmeckt halt am besten, wenn er frisch gemacht ist.

So musste ich manches Mal einem Gast diese Bitte abschlagen. Helmut Seitz, der bekannte Schriftsteller heiterer bayrischer Bücher, hat in seinem Buch »Höher geht's nimmer« in dem Kapitel »Ein schöner Schmarren« meinen Schmarren literarisch verewigt. Seine freundliche Genehmigung voraussetzend, zitiere ich daraus den Schluss:

»Der Schmarren, den diese Frau macht (falls sie mag!), ist einer der besten, den es nördlich des Alpenhauptkammes gibt, und einen besseren find'st du nicht. Dabei kommt man auch noch relativ leicht an ihn hin, denn man muss sich diesen Genuss nur mit knappen zwei Stunden Aufstieg verdienen. Er wäre leicht das Doppelte wert!

Jaaa, … und nun werden natürlich viele wissen wollen, wo denn diese Hütte liegt und wie man da hinkommt. Wer es wissen möchte, der kann sich bei mir schriftlich und mit Rückporto um Auskunft bewerben. Wenn mir der Brief sympathisch ist, dann schreibe ich postwendend zurück. Aber freilich nicht jedem. Und nur wenn ich mag!«

Dieses Büchlein hat er mir zugeschickt, damit ich weiß, wen er meint! Das hat mich recht gefreut!

Wenn man bedenkt, wie viel Angst ich einmal vor dem Kochen hatte, so ist die Tatsache, dass meine späteren Kochkünste sogar literarisch verewigt worden sind, schon ein Erfolg, auf den ich ein bisschen stolz bin.

Kapitel 6

Menschliches und Allzumenschliches

Was ich mit Gästen erlebt habe

Viele tausend Gäste mögen es gewesen sein, die im Lauf
meiner Jahre auf den Brünnstein hinaufgekommen sind,
und da bleiben allerlei lustige, aber auch nachdenklich
stimmende und sogar tragische Erlebnisse nicht aus.
Zum Glück haben die lustigen überwogen.

Bei uns in Bayern, in den Bergen und auf einer Hütte
wird allgemein »Du« zueinander gesagt. Aber als Hüttenwirtin habe ich fremde Gäste selbstverständlich mit
»Sie« angesprochen und diese mich auch. Andererseits
habe ich zu Respektspersonen wie der Frau Randl, die
mir das Kochen beigebracht hat, immer »Sie« und »Frau
Randl« gesagt, während sie mich weiterhin mit »Du«
und »Christl« anredete, auch als ich schon über 50 war.
Aber das war ganz in Ordnung so.

Ähnlich ist es mir umgekehrt mit manchen Gästen
ergangen, vor allem mit solchen, die schon als Kinder
auf den Brünnstein gekommen sind. Ich erinnere mich
an einen kleinen Lausbuben, den Wolfgang, der oft im
Sommer mit seinen Eltern bei uns auf der Hütte war.
Ein kleiner Rotschopf mit tausend lustigen Sommer-
sprossen im Gesicht, der kaum auf den Tisch schauen
konnte. Eines Tages kam er als junger Mann mit Freundin daher. So vergehen die Jahre.

»Ja, Wolfgang, du machst ja eine alte Frau aus mir!«, rief ich überrascht aus, und er lachte übers ganze Gesicht.

»Ja, wie sollen wir es denn jetzt machen? Sagst du Christl zu mir, oder soll ich ›Herr W.‹ zu dir sagen?«

»Das bleibt, wie's ist, Frau Seebacher, ich bleib' für sie der Wolfgang«, meinte er, und so wie mit ihm geht es mit vielen anderen jungen Gästen auch.

Aber ansonsten ist die Anrede bei uns heroben ganz einfach: Man sagt schlicht »Du« zueinander.

So manche Gäste, von denen wir nicht wussten, wie sie heißen, haben bei uns einen »Erkennungsnamen« erhalten, der sich auf irgendein Erlebnis oder eine Besonderheit des betreffenden Gastes bezog.

Da war zum Beispiel ein Gast mittleren Alters, der gelegentlich mit seiner Frau zu uns heraufkam. Allein kam er nie, denn seine Leidenschaft war das Karwendelgebirge, das weiter südlich von uns liegt, und dort, nur dort, kletterte und wanderte er. Seiner Frau waren diese Exkursionen zu anstrengend, und so »opferte« er sich gelegentlich, mit ihr auf den »harmlosen« Brünnstein zu gehen. Aber er wurde nicht müde, dauernd von seinen Touren und Erlebnissen im »Karwendel« zu erzählen. Das hat uns manchmal fast ein bisschen geärgert – als ob es bei uns heroben nicht auch schön gewesen wäre!

Wieder einmal war er mit seiner Frau zum Übernachten bei uns. Ich, frühmorgens immer als Erste auf, stand auf der Veranda und sah hinaus, weit hinunter in das Inntal. Es war ein Morgen, wie ihn der Herrgott nicht schöner hätte schaffen können. Im Tal unten lagen einige zarte Nebelschwaden wie seidene Tücher auf den

Hügeln, und hinter den Felszacken des Wilden Kaisers stieg die Sonne auf und tauchte die Landschaft in ein schier überirdisches, orangefarbenes Licht. Mir war ganz andächtig zumute, so schön empfand ich diese Stimmung, unsere Berge und das Tal.

Da hörte ich hinter mir ein Geräusch und drehte mich um, fast ungehalten wegen der Störung. Es war jener Gast, der ebenfalls ein Frühaufsteher war, und auch er sah still hinaus in den Sonnenaufgang. Dann seufzte er abgrundtief und meinte: »Wie schön es jetzt im Karwendel wär'!«

Von da an hatte er seinen Namen weg und hieß bei uns nur noch der »Herr Karwendel«.

Dann gab es da einen steten und treuen Gast, von dem ich nicht mehr wusste, als dass er mit Vornamen Hans hieß. Der verspeiste jedes Mal, wenn er hier war, zwei Portionen Schweinsbraten mit Knödeln und Salat, das war so sicher wie das Amen in der Kirche. Dabei waren meine Portionen nicht gerade klein!

Einmal läutete das Telefon, und eine männliche Stimme bestellte für Sonnwend ein Zimmer. Er tat recht vertraut, nannte sich Hans, aber ich konnte im Moment seine Stimme nicht zuordnen.

»Hans, welcher Hans? Da gibt's viele bei uns«, fragte ich zurück.

»Na, der Schweinsbraten-Hans halt«, meinte er, und damit hatte auch er seinen Spitznamen weg. Fortan hieß er, auch beim Personal und allen Stammgästen, nur der »Hans Schweinsbraten«. Aber er hat das mit Humor und keinesfalls übel genommen.

Dann gab es noch die »Schnellen«. Das waren ein Studienratsehepaar mit Sohn. Sie hatten mehrere Doktortitel, eine Ferienwohnung in Niederndorf drüben auf der österreichischen Seite, und es waren flotte und fleißige Wanderer.

Einmal, so erinnere ich mich, waren sie in der Ferienzeit 17 Mal auf dem Brünnstein – das muss ihre Leib- und Magenstrecke gewesen sein.

Ihr Besuch bei uns lief jedes Mal gleich ab: Sie kamen ins Haus, klopften an die Küchentür, sagten kurz »Grüß Gott« und verschwanden im Waschraum, um sich frisch zu machen. Ich wusste, was gewünscht war, denn es war immer das Gleiche:

»Eine Portion Kaffee, zwei Portionen Tee und ein Nusskuchen.«

Das stand bereits auf dem Tisch, wenn sie aus dem Waschraum kamen. Sie verzehrten ihre Speisen, legten das Geld abgezählt auf den Tisch, und fort waren sie. Ihren Namen wussten wir lange nicht, daher nannten wir sie der Einfachheit halber »die Schnellen«. Viele Jahre ging das so, bis die Frau später einen tragischen Tod in den Bergen erlitten hat. Das hat uns alle sehr erschüttert.

Mein Mann, der Hans, ist kein großer Redner und Unterhalter und werkelt lieber für sich alleine herum. Trotzdem hat er immer fleißig beim Bedienen mitgeholfen, wenn, wie so oft, viel los war in der Gaststube und im Garten.

Es war wieder einmal ein recht gut besuchter Tag. Ich arbeitete in der Küche, und der Hans stand draußen an der Theke, um die Getränke auszuschenken. Eine ziemlich lange Schlange stand an, darunter drei, wir sagen scherzhaft »ältere Jungfrauen«.

82

Endlich kam die erste dran: »Na, Herr Wirt, gibt es auch Kaffee?«

»Ja, Kaffee gibt's!«

»Ist der Kaffee auch gut?«

Ich spitzte die Ohren nach Hans' Antwort, aber er sagte ganz geduldig. »Ja, der Kaffee ist gut!«

Jetzt kam die nächste: »Gibt es Kaffee?«

»Ja, Kaffee gibt's!«

»Gibt es auch guten Kaffee?«

»Ja, ich mein' schon«, brummelte der Hans.

Als dann die dritte auch noch fragte: »Kann man Kaffee bestellen?«

»Ja, das können S'!«

»Ist es guter Kaffee?« Ich horchte gespannt und wartete schon auf eine entsprechend genervte Antwort von Hans, aber ich hörte ihn nur seufzen und dann sagen: »Ja, unser Kaffee ist gut.«

Nach einiger Zeit kamen die drei Damen zurück.

»Herr Wirt, der Kaffee war gut.«

»Gut hat der Kaffee geschmeckt«, schnabelte die zweite, und die dritte lobte: »Gut war der Kaffee, Herr Wirt!«

Hans brummte nur etwas zurück. Jetzt waren die drei Damen an einem Gespräch interessiert und wollten von Hans allerhand wissen: Wie sich's denn hier oben so lebt, ob wir das ganze Jahr hier wären, wie wir denn mit der Bergeinsamkeit zurechtkämen usw. usw. Hans antwortete recht einsilbig – wie gesagt, er ist kein großer Unterhalter. Aber als sie dann zuletzt fragten, was wir denn den ganzen, langen Winter hier oben tun würden, meinte er kurz und trocken: »Da üben wir das Kaffeekochen!«

Wie es der Teufel so will, wenn irgendetwas Ungewöhnliches passierte bei uns da droben, war der Hans
zufällig nicht da, so auch bei folgendem Vorfall:

Es war kurz vor Pfingsten, es herrschte schlechtes
Wetter, und ich hatte als vorerst einzigen Gast die Frau
eines Brauereidirektors mit ihrer Tochter, die für einige
Tage Urlaub bei uns machen wollten.

»Wenn ich irgendwo bin, passiert immer etwas!«,
meinte die Dame noch recht redselig am Nachmittag
beim gemeinsamen Kaffeetrinken – und genauso war es
auch.

Am nächsten Tag, einem Freitag, kamen fünf junge
Männer herauf und wollten übernachten. Nach dem
Mittagessen, die Frau war mit ihrer Tochter hinauf in ihr
Zimmer gegangen, brachte ich die Küche in Ordnung.
Plötzlich stand einer dieser Burschen unvermittelt in
der Küche, zu der die Gäste eigentlich keinen Zugang
hatten. Ich drehte mich erschrocken um und fragte:
»Was willst du denn? Fehlt etwas?«

Er gab mir keine Antwort, sondern sah mich mit
eigentümlichem, flackerndem Blick an, dann kam er mit
erhobenen Händen auf mich zu. Mein einziger Gedanke war: Jetzt geht's mir an den Kragen! Ich stand da, vor
Angst wie gelähmt, ohne jede Gegenreaktion. Oft hatte
ich mir schon ausgemalt, was ich machen würde, sollte
mich einmal jemand überfallen, so alleine, wie ich oft
dort droben war. Aber in diesem Moment waren alle
Überlegungen aus meinem Kopf verschwunden.

Dann stand er vor mir, legte die Arme um meinen
Hals, ließ seinen Kopf auf meine Schulter fallen und
stöhnte: »Ich halt's nimmer aus, ich halt's nimmer aus!«
Jetzt, als ich merkte, dass er offensichtlich nichts Böses

im Schilde führte, kam wieder Leben in mich. Energisch stieß ich ihn weg und fuhr ihn an: »Verschwind aus meiner Küche, aber schnell!«

Tatsächlich drehte er sich um und schlich mit hängendem Kopf hinaus.

Er hatte mir mit seinem sonderbaren Verhalten aber einen Mordsschrecken eingejagt. Schnell rannte ich hinauf in den ersten Stock, klopfte heftig an die Zimmertür der Frau des Brauereidirektors und erzählte ihr aufgeregt den Vorfall.

»Der ist mir gleich komisch vorgekommen, ich glaube, das ist ein Süchtiger!«, meinte sie argwöhnisch.

»Ein Süchtiger?«

Da kam der Mann schon die Treppe herauf, auf uns zwei Frauen zu, wieder mit diesem eigenartigen Blick. Aber jetzt, mit der Unterstützung meines Gastes, war ich schon viel schneidiger und sah ihn fest an. »Sofort gehst runter in die Gaststube zu den anderen. Da heroben hast du nix verloren!«, herrschte ich ihn mutig an, und tatsächlich, er folgte wieder.

Seine Begleiter saßen unten in der Gaststube, aber auf meine eindringlichen Fragen gaben sie keine rechte Antwort.

»Gut, dann ruf' ich jetzt die Polizei!«, drohte ich.

»Pssst, pssst«, raunten sie mir zu, »das darf er nicht hören, sonst wird es ganz schlimm mit ihm! Dann kann man für nichts mehr garantieren.«

Inzwischen war der Mann verschwunden, und mir wurde erst recht mulmig zumute, da ich nicht wusste, ob er sich nicht in der Nähe aufhielt und während der Nacht zurückkommen würde. In dieser Nacht habe ich besonders sorgfältig zugesperrt, aber trotzdem kein

Auge zugetan und bin bei jedem Geräusch aufge-
schreckt.

Am Sonntag darauf, es war sieben Uhr morgens,
stand der Mann plötzlich wieder in der Küche. Er wink-
te mir zu und sagte:

»Komm her zu mir!«

»Geh nur hin, der tut dir nichts, ich bin ja da«, meinte der Hans, dem ich alles erzählt hatte, beruhigend zu
mir. Da traute ich mich zu ihm hin, er legte wieder die
Arme um meinen Hals, sah mich an und sagte: »Bist ned
bös', gell?«

»Nein, ich bin dir ned bös', aber jetzt gehst heim und
kommst nicht mehr rauf zu uns!« Da ist er ganz friedlich davongegangen.

Obwohl der Hans hinter mir stand, zitterten meine
Knie, so unheimlich war mir der Bursche.

Später hab' ich dann erfahren, dass er tatsächlich ein
Suchtkranker auf Entzug war, im Grunde ein ganz
armer, bedauernswerter junger Mensch. Aber mir, die
ich in dieser Hinsicht völlig unerfahren war, hat er
damals einen Riesenschrecken eingejagt.

Einmal hatte ich ein besonders tragisches Erlebnis, das
mir lange auf der Seele lag.

Es war Anfang der Siebzigerjahre, ein schwüler Som-
mertag, an dem schon vormittags viel Betrieb war.
Plötzlich kam eine Frau aufgeregt in die Küche: Ihrem
Mann ginge es nicht gut. Schnell holte ich einen Liege-
stuhl und eine Decke aus dem Schuppen, damit er sich
im Schatten ausruhen könne. Den Karmelitergeist, der
mir in Notfällen schon viele gute Dienste geleistet hatte,
nahm ich auch mit. Bis ich jedoch zu dem Mann kam,

lag er bereits auf dem Boden, mit blaurot angelaufenem Gesicht. Ein weiblicher Gast, der sich als Krankenschwester zu erkennen gab, meinte, der Mann müsse sofort ins Krankenhaus gebracht werden, und flüsterte mir verstohlen zu: »Das sieht gar nicht gut aus!«

Ich lief ans Telefon und versuchte den Hans zu erreichen, der im Tal in verschiedenen Geschäften seine Einkäufe machte.

Er war, gottlob, mit dem Haflinger bereits auf dem Weg nach oben.

Die Frau bedrängte mich verzweifelt, doch schneller etwas zu unternehmen, aber es gab keine andere Möglichkeit, als auf Hans zu warten. Der Unimog, der draußen stand, war ein Baufahrzeug, voll beladen, und außerdem hatte ich niemanden, der dieses schwere Gefährt auf dem abschüssigen Gelände hätte steuern können. Es selbst zu versuchen, wäre unverantwortlich gewesen. Einen schnellen Hubschraubereinsatz, wie er heute möglich wäre, gab es damals noch nicht.

Hans war Gott sei Dank bald da, und schnellstens wurde der bewusstlose Mann in einen Akja gepackt und in den Haflinger gelegt. Auch die Frau fuhr mit Hans hinunter ins Tal. Inzwischen informierte ich das Krankenhaus, Arzt und Schwestern standen bereit, aber der Mann war bereits tot, als sie eintrafen. Herzinfarkt! Der Arzt sagte mir später, er hätte ohnehin nichts mehr machen können, denn es sei ein sehr schwerer Infarkt gewesen.

Am Abend sah ich, dass Hut und Stock des Mannes in der Gaststube hingen. Einige Tage später waren die Sachen verschwunden. Vermutlich hatten sie die Angehörigen abgeholt, ohne sich bei uns zu melden.

Das hat mir sehr zu denken gegeben, und ich hatte das ungewisse Gefühl, dass mir die Frau am Tode ihres Mannes eine Mitschuld gab.

Das hat mich seinerzeit sehr mitgenommen, obwohl ich weiß, dass ich für die damaligen Möglichkeiten alles getan hatte.

Aber das war noch nicht alles an diesem schwarzen Tag.

Gerade war Hans vom Krankenhaus zurück mit der Hiobsbotschaft, dass der Mann tot war, da kam die Sennerin einer benachbarten Alm daher. Die Inge war von einer Kuh getreten worden, und ihr Fuß war dick angeschwollen. Wieder war Hilfe nötig, und es blieb dem Hans nichts anderes übrig, als wieder hinunter ins Tal zu fahren und die Frau zum Bahnhof zu bringen. Sie wollte unbedingt nach Rosenheim, in die benachbarte Kreisstadt, zu einem ihr bekannten Arzt. Gottlob hat mir einer der Gäste, der mit uns befreundet war, nach all der Aufregung beim Ausschank und beim Bedienen geholfen.

Für den Abend hatte sich noch eine große Schulklasse zum Übernachten angesagt. Das hat meist viel Wirbel und Umtrieb gebracht, denn für die Kinder war ein Ausflug mit Übernachtung auf dem Berg immer ein besonderes Erlebnis. Hans musste am Abend wieder los, um die Sennerin vom Bahnhof abzuholen, und das hat auch wieder gedauert.

Die Kinder saßen draußen auf der Veranda, die Tische wurden zusammengerückt, damit sie genügend Platz zum Spielen hatten, Getränke und Essen wurden bestellt und serviert. Ich sah immer wieder auf die Uhr, die Zeit der Hüttenruhe um 22 Uhr herbeisehnend.

Endlich war es so weit! Da kam der Lehrer zu mir in die Küche mit der Bitte um Verlängerung der Spielzeit. Es wäre gerade so lustig, und er würde auch noch gerne ein Viertel Wein trinken.

Da hab ich ihm erzählt, was sich an diesem Tag schon alles abgespielt hatte, wie erschöpft ich sei und dass ich schon sehr gerne für heute Schluss machen würde.

»Das ist in Ordnung, Frau Seebacher«, hat er nur gesagt, und innerhalb von zehn Minuten war die Veranda aufgeräumt, die Klasse droben im Matratzenlager, und kurz darauf war Ruhe.

Das habe ich in all den Jahren nie wieder erlebt, dass ein Lehrer seine Klasse so gut im Griff und so viel Verständnis für mich hatte und dies auch an seine Buben weitergegeben hat.

Immer wieder kamen Dinge vor, über die man sich schlicht und einfach gefreut hat.

So ist einmal ein Ehepaar über den Klettersteig auf den Gipfel des Brünnsteins gestiegen. Trittsicherheit und Schwindelfreiheit muss man, wie gesagt, dafür schon haben. Der Mann jedenfalls rutschte auf dem Weg aus und fiel hinunter auf ein darunter liegendes Stück des Weges. Wäre da nicht zufällig ein anderer Wanderer dahergekommen, der ihn auffangen konnte, der Mann wäre wohl den ganzen Abhang hinabgestürzt und hätte schwere, wenn nicht sogar tödliche Verletzungen davongetragen.

Die Aufregung war groß, bis der Gestürzte endlich von der Bergwacht geborgen und ins Brünnsteinhaus gebracht wurde. Er hatte einen offenen Scheinbeinbruch, der weiße Knochen ragte aus der Haut heraus, es sah schlimm aus, und in einer dementsprechenden Verfassung war der Mann auch. Seine Frau war völlig aufgelöst, und ich hatte alle Hände voll zu tun, um sie zu beruhigen, bis unser Patient endlich, mit vielen guten Wünschen versorgt, abtransportiert werden konnte hinunter ins Krankenhaus.

Dieser Mann ist, nachdem er wieder geheilt war, noch einmal zu uns heraufgekommen und hat sich für unsere Hilfe bedankt. Er hat uns sogar eine Flasche Whisky mitgebracht »für weitere Notfälle«. So etwas freut einen schon, auch wenn es für uns selbstverständlich ist, Verunglückten erste Hilfe zu leisten.

Auch der Hans wurde oft gerufen, um Menschen in Bergnot beizustehen. Selbstverständlich hat er sofort alles liegen und stehen lassen und ist zur angegebenen Stelle auf- oder abgestiegen. Es ist ja manchmal kaum zu glauben, mit welchem Schuhwerk und wie unbesorgt sich Bergwanderer in unwegsames Gelände begeben! Da kann noch so oft davor gewarnt werden, es hilft nichts! Die Gefahr wird einfach unterschätzt.

Gelegentlich ist es dann auch vorgekommen, dass der oder die Verunglückte doch noch selber abgestiegen oder von anderen gerettet worden ist, ohne Bescheid zu geben, und der Hans verzweifelt das Gelände abgesucht hat. Das war schon manches Mal ärgerlich, aber Hilfe in der Not hat allemal Vorrang vor allem anderen.

Aber nicht immer endet es tragisch, wenn einmal ein Mensch vermisst wird. Manchmal entstehen daraus auch recht lustige Geschichten.

Eines Tages bekam ich einen Anruf vom Wirt des Berggasthofs Rosengasse. Er fragte nach einem Gast, der schon des Öfteren bei ihm übernachtet hatte, so auch dieser Tage. In der letzten Nacht sei er allerdings nicht in das Gasthaus zurückgekommen, und der Wirt machte sich Sorgen. Die Leute sind manchmal recht unbekümmert und melden sich nicht ab, wenn sie eine längere Tour machen und woanders übernachten.

Dieser Mann, der Beschreibung nach wohl ungefähr 70 Jahre alt, sportlicher Typ, graue Haare, blaue Wanderjacke, war bei uns nicht aufgetaucht, und auf den Hütten, die ich per Feldtelefon erreichen konnte, war er auch nicht gesehen worden. Da blieb dem Wirt wohl oder übel nichts anderes übrig, als die Bergwacht zu alarmieren.

Einer unserer Gäste machte sich gerade zu einer ausgiebigen Wanderung auf, und ich bat ihn, seine Augen offen zu halten nach dem Gesuchten.

Als er auf seinem Weg zur Himmelmoosalm kam, saß eben dieser Mann vergnügt auf der Hausbank in der Sonne beim Frühstück, das ihm die Sennerin gemacht hatte.

»Ja, du bist gut! Sitzt hier beim Brotzeitmachen und wirst überall gesucht. Musst dich gleich im Brünnsteinhaus melden!«

Das hat den Mann jedoch gar nicht gestört, er hat es sich weiterhin auf der Hausbank gemütlich gemacht. Offensichtlich war die Nacht auf Himmelmoos recht schön gewesen. Seit damals gab es, immer wenn jemand vermisst wurde, das geflügelte Wort: »Schaut's erst einmal im Himmelmoos nach, vielleicht sitzt er da auf der Hausbank und macht Brotzeit.«

Manchmal ist es schier unglaublich, was den Leuten alles einfällt und wie sie sich benehmen.

Es war im Herbst, draußen war es regnerisch, kalt und bereits dunkel. Heute würden bestimmt keine Gäste mehr kommen, und so machten wir es uns vor dem Fernseher in der warmen Küche gemütlich. Da klopfte es laut an der Türe. Draußen stand eine ältere Frau, aber wie sah sie aus! Nass, verdreckt und durchgefroren! Sie habe sich verirrt auf dem steilen Weg vom Brünntal rauf, dann sei sie auch noch gestürzt, und dabei sei ihre Taschenlampe kaputtgegangen. So froh sei sie gewesen, als sie endlich das Licht unseres Hauses gesehen hätte.

Mein Gott, die arme Frau! Gleich bat ich sie herein in unsere warme Küche und fragte sie, ob sie eine heiße Suppe wolle. Dankbar nickte sie, zog im Gang die verdreckten Schuhe aus und kam herein. Zitternd saß sie auf der Bank, und der Hans schenkte ihr erst einmal einen Obstler ein, zum Aufwärmen. Schnell war die Suppe fertig, und sie aß mit Heißhunger. »Dank schön, gut war's«, meinte sie.

Dann stand sie urplötzlich auf, kramte in ihrem Rucksack und holte ein riesiges, rot kariertes Taschentuch heraus. Wortlos ging sie zu unserem Spülbecken, nahm das Geschirr, das ich hineingestellt hatte, heraus, zog die nassen Socken aus, schwang ihren rechten Fuß in das Becken, wusch ihn, und anschließend machte sie das Gleiche mit dem linken Fuß. Dann trocknete sie ihre Haxen mit dem karierten Tuch ab, wobei sie sich nebenbei auch über das Gesicht und die Arme fuhr. Hans und ich sahen ihr überrascht zu. Für den Moment hatte es uns glatt die Sprache verschlagen. Dann brachen wir in schallendes Gelächter aus und konnten kaum mehr aufhören. Kein Fernsehspaß hätte lustiger sein können als diese Szene. Sie sah uns nur verwundert an, auf die Idee, dass wir einen Waschraum haben, ist sie wohl nicht gekommen.

So ganz appetitlich war das nicht, aber es gab noch schlimmere Erlebnisse.

Es war Ende April, auf den Wegen lag noch viel Schnee, und dementsprechend wenige Wanderer waren um diese Zeit unterwegs. Ich nützte einen schönen, warmen Tag, um in der Küche meinen Ofen zu kehren. Das war eine rechte Drecksarbeit, und wer einen großen Holz- und Kohleofen hat, weiß, wovon ich rede! Jedenfalls, nach dem Ofenkehren folgte ein gründlicher Küchenputz, und am Abend glänzte meine Küche von der Decke bis zum Boden. Stolz betrachtete ich mein Werk, als Hans müde von der Holzarbeit heimkam. Heute wollten wir uns einen gemütlichen Feierabend gönnen!

Da klopfte es draußen an der Gartentür. Ein älterer Wanderer war noch auf dem Weg. Er habe sich verlaufen, drum sei er so spät dran. Er bat um ein Essen und ein Nachtquartier. Die Gaststube war nicht geheizt, also nahm ich ihn mit in die Küche, wo wir für solche Fälle ein kleines Tischchen hatten. Erst bestellte er einen Glühwein, darauf eine eiskalte Limonade, und schließlich fragte er mich, ob ich ihm nicht einen Kaiserschmarren machen wolle. Er habe so großen Appetit auf dieses Gericht.

Also stellte ich mich an den Herd und bereitete ihm das Gewünschte zu. Nachdem er gegessen hatte, legte er den Kopf auf seine Arme auf dem Tisch und fing an zu dösen. Hans und ich sahen uns fragend über ihn hinweg an, und ich wollte ihn schon wecken, um ihn aufs Zimmer zu führen. In dem Moment fing er plötzlich an zu rülpsen und zu würgen. Gerade noch konnte ich mich mit einem beherzten Sprung retten und die Beine hochziehen, da landeten Kaiserschmarren, Glühwein und Limonade schon in einem Schwall auf dem Küchenboden. Mit zwei Riesensätzen floh ich aus der Küche die Treppe hinauf, und mein braver Hans nahm es auf sich, den Boden sauber zu machen, allerdings nicht ohne gute Ratschläge meinerseits von oben. »Vergiss nicht, Hans, dass d' auch seine Schuh' sauber machst!«

»So, Wirt, jetzt bringst mir noch einen Schnaps«, meinte der Mann, als der Hans mit dem Putzen fertig war. Auf die Idee, den Hans auch dazu einzuladen, kam er nicht. Dann ging er ins Bett. Kein Wort der Entschuldigung oder des Bedauerns.

Am nächsten Morgen, beim Frühstück, meinte er leutselig:

»Du, Frau, bei euch gfällt's mir, ich bleib noch eine Nacht.«

Diesen Tag verbrachte ich lieber mit fälligen Einkäufen drunten im Tal. Vorher heizte ich aber vorsorglich noch die Gaststube, denn einen zweiten Abend mit ihm zusammen in der Küche wollte ich mir nicht mehr zumuten. Er ist übrigens später noch öfters auf den Brünnstein gekommen, und es hat ihm immer wieder gut gefallen.

In den ersten Jahren, die wir auf dem Brünnstein verbrachten, durften wir keinen einzigen Tag im Jahr schließen. Das stand so in unserem Pachtvertrag, und wir wussten es. Was es allerdings in Wirklichkeit bedeutet, immer und stets präsent zu sein, wurde uns erst später klar. Besonders schwer war es am Heiligen Abend und an den Weihnachtsfeiertagen. Da die Kinder meist bei der Oma im Tal waren, freuten wir uns natürlich besonders auf einen stimmungsvollen Heiligen Abend im Kreis der Familie und ohne Gäste.

Eine Ausnahme von dieser Regel war der Kare. Er war ein gut aussehender Mann, braun gebrannt und mit schlohweißem Haar. Er war ein Einzelgänger, ein ruhiger und eher wortkarger Mensch. Die Berge waren sein Ein und Alles, und meist war er allein unterwegs. Im Winter verbrachte er so manches Wochenende bei uns. Dann lag er in der Küche auf dem Kanapee und unterhielt die Johanna und die Karin. Immer wieder musste er neue Schallplatten auflegen, die zwei konnten nicht genug kriegen. Es war recht gemütlich, das hat dem Kare getaugt und uns auch.

Da hat es uns nichts ausgemacht, dass der Kare auch am Heiligen Abend zu uns kam. Nach dem gemeinsamen Abendessen hat er sich taktvoll auf sein Zimmer zurückgezogen, denn er hat gespürt, dass wir auch ein bisschen allein sein wollten.

Jahre später ist der Kare bei einer seiner einsamen Bergtouren in eine Gletscherspalte gestürzt und dort an seinen Verletzungen gestorben. Diese Nachricht hat uns sehr mitgenommen, aber irgendwie hat dieser einsame Tod zu ihm gepasst.

Eines Heiligen Abends, der Kare war schon nicht mehr unter uns, kam nach Einbruch der Dunkelheit ein uns fremder Mann daher und begehrte Einlass. Was den wohl am Heiligen Abend da heraufgetrieben hatte? Hatte der arme Mensch denn keine Familie, mit der er den Abend verbringen konnte? Er bat um ein Zimmer, und ich wies ihm eines zu.

In der Gaststube war es kalt, da wir nicht mit Gästen gerechnet hatten. Der Aufenthalt dort wäre unzumutbar gewesen, und so bat ich ihn in die Küche. Auf dem großen Tisch war bereits für unser Abendessen aufgedeckt. Ungeniert schob er ein Gedeck zur Seite, packte auf dem schönen Tischtuch seine Brotzeit aus und fing an zu essen. Dann ließ er uns für den restlichen Abend keine Minute mehr allein. Auch wenn Weihnachten das Fest der Nächstenliebe ist – ein bisserl geärgert haben wir uns schon über den wenig feinfühligen Gast, und wir haben uns voll Wehmut an den Kare erinnert, der immer so feinfühlig und rücksichtsvoll gewesen war.

Um einen touristischen Anreiz zu bieten, kamen in den Achtzigerjahren die Verkehrsämter der Gemeinden auf die Idee, so genannte Wanderpässe auszugeben. Man musste verschiedene Ziele der Region angehen und sich dort einen Stempel geben lassen. Je nach Eifer wurde der fleißige Wanderer am Ende des Urlaubs mit einer Silber- oder gar Goldnadel ausgezeichnet.

So kam eines Tages ein Wanderer zu mir, ließ sich seinen Pass abstempeln und fragte mich, wie denn der Weg zum Gipfel wäre und ob ich ihm das zutrauen würde.

Mein erster kritischer Blick war galt seinen Füßen, die in roten Kniestrümpfen und diese wiederum in leichten Schnürschuhen steckten. Na ja, das sagte mir schon einiges, ein typischer Halbschuhtourist! Ob er denn schwindelfrei und trittsicher wäre?

»Ich bin absolut schwindelfrei«, behauptete er im Brustton der Überzeugung und marschierte los.

Es dauerte nicht allzu lange, da kam ein aufgeregter Wanderer und berichtete, dass kurz unterm Gipfel hilflos und zitternd ein Mann am Weg säße, der sich weder vor noch zurück wage.

Was blieb mir anderes übrig, als die Bergwacht zu informieren.

Es dauert natürlich seine Zeit, bis diese Männer wochentags von der Arbeit geholt werden und auf den Berg kommen. Inzwischen ist Hans allein hinaufgestiegen, um den Mann zu sichern und zu beruhigen. Denn allein konnte er ihn nicht weiterbringen.

Die Bergwachtmänner haben ihn dann ans Seil genommen und ihn über den Gipfel den leichteren Weg nach Himmelmoos hinuntergeführt.

Im ebeneren Gelände wurde der zuvor total verängstigte Mann zusehends lebendiger und selbstbewusster und erzählte leutselig, er hätte die Wirtin im Brünnsteinhaus angelogen: Er sei gar nicht schwindelfrei, das habe er schon gewusst. Als ihn die Männer der Bergwacht mit nach Oberaudorf zum Arzt nehmen wollten, wehrte er energisch ab: »Ich muss heute noch unbedingt in die Rosengasse, denn ich reise morgen ab, und der Stempel fehlt mir noch in meinem Pass zu meiner goldenen Wandernadel.«

Dass diese goldene Nadel ganz schön teuer wurde, hat er wohl erst zu Hause bemerkt, als die Rechnung des Roten Kreuzes kam: Eine Bergung, deren Notwendigkeit nicht von einem Arzt attestiert wird, bezahlt nämlich die Krankenkasse nicht.

Die Wandernadeln waren sehr beliebt, und manche Gäste versuchten um jeden Preis, eine solche zu bekommen, auch ohne die dazu nötige Anstrengung. So kam an einem Nachmittag, es war feuchtes, nebliges Wetter, ein einzelner Gast. Er setzte sich in die Stube und bestellte Kaffee und Kuchen. Beim Bezahlen holte er seinen Rucksack hervor, kramte umständlich darin herum und legte mir dann sage und schreibe 30 Wanderpässe auf den Tisch mit der Forderung, diese abzustempeln.

»Ja, wo sind die Leute denn?«, fragte ich ihn und warf einen suchenden Blick durch das Fenster nach draußen. »Ich kann nur dem Wanderer einen Stempel geben, der auch hier heroben war.«

»Ja mei«, entgegnete er unwirsch, »glauben Sie vielleicht, dass die bei dem schlechten Wetter da heraufgehen. Das ist ein ganzer Bus mit älteren Leuten, die bleiben lieber gemütlich drunten beim Kaffeetrinken im Gasthaus.«

Da ich ihm die gewünschten Stempel nicht gegeben habe, außer natürlich seinem eigenen, hat er noch auf eine andere Art und Weise versucht, daran zu kommen. Er hat den Wirt, bei dem die Gruppe wohnte, dazu aufgefordert, bei uns anzurufen: Der Hans solle doch, wenn er zum Einkaufen ins Tal käme, den Stempel mitbringen für die Wanderpässe.

Aber auch das haben wir nicht gemacht, und ich frage mich schon, ob man auf eine dermaßen erschwindelte Wandernadel stolz sein kann. Das war doch nicht der Sinn des Ganzen!

Überhaupt trieb die neue Begeisterung für das Bergsteigen manchmal seltsame Blüten.

So kam einmal, es war an Pfingsten, ein richtiger Herr mit Anzug und Krawatte zu uns herauf. Er hatte sein

Gepäck in einem Koffer und führte eine funkelnagelneue Bergsteigerausrüstung mit Seil und Karabinern, Steigeisen und Pickel mit. Wir staunten nicht schlecht über diese sonderbare Kombination, die nun so überhaupt nicht zusammenpasste.

Er blieb die Feiertage über bei uns und erwies sich als freundlicher, höflicher Zeitgenosse. Den ganzen Tag war er mit der vollen Bergsteigerausrüstung, die in unserem Gelände überhaupt nicht nötig ist, unterwegs, und abends las er eifrig in einem Handbuch für Bergsteiger.

Heinz, ein Tourenführer der Alpenvereinssektion, für den der Weg zum Gipfel ein schneller abendlicher Spaziergang war, beobachtete ihn, wie er sich beim Abstieg vom Gipfel zusätzlich mit Seil und Karabinern an dem vorhandenen Handlauf sicherte. Als er Heinz sah, gab er ihm den guten Rat, möglichst schnell umzukehren, denn die Dunkelheit würde schnell hereinbrechen. Heinz schmunzelte nur, lief weiter auf den Gipfel und war längst unten, als der wagemutige Neubergsteiger, gottlob unverletzt, in unserem Haus ankam.

Er muss eine Menge Wanderungen gemacht haben, denn in der folgenden Zeit wurden wir immer wieder von Leuten gefragt, ob dieser seltsame »Vogel« im Anzug und mit Hochtourenausrüstung bei uns gewohnt habe. Wir konnten uns des Eindrucks nicht erwehren, dass hier ein Ahnungsloser von einem geschickten Sportartikelverkäufer nach allen Regeln der Kunst ausgenommen worden war.

In Rosenheim war Herbstfest, ein Volksfest ähnlich wie das Münchner Oktoberfest, doch kleiner und viel gemütlicher. Meine Kinder bettelten schon die ganze Zeit, wir sollten mit ihnen dorthin gehen zum Karussellfahren. Hans war auch der Meinung, und so habe ich mich eines Nachmittags mit den beiden auf den Weg gemacht, in der Hoffnung, dass dort um diese Tageszeit nicht allzu viel Trubel herrschen würde. Die Kinder hatten eine Mordsgaudi auf dem Fest mit Karussellfahren, Zuckerwatte und gebrannten Mandeln. Ich traf eine Bekannte, und – wie es halt so kommt – wir haben uns verratscht.

Es war schon dunkel, als wir in der Rechenau ankamen. Wie üblich rief ich den Hans an, ob ich aus dem Depot noch etwas aufladen und mit hinaufbringen solle.

»Warum kommt ihr denn gar so spät?«, fragte der Hans besorgt. »Bringen musst du nichts, aber pass auf beim Rauffahren. Ein Gast ist noch unterwegs nach drunten. Er hat ziemlich ›geladen‹. Es wär mir lieber gewesen, er hätte hier übernachtet, aber er war nicht zu halten!«

Ich machte mich also auf den Weg hinauf im Dunkeln, angestrengt schaute ich durch die Windschutzscheibe hinaus in die Nacht.

»Da, schau, Mama, da vorn! Eine Taschenlampe.« Tatsächlich! Nicht weit vor uns sah auch ich das schwankende Licht, aber plötzlich war es weg. Ich hielt an und stieg aus, es war genau an einer Engstelle des Weges.

Dann sah ich den Mann. Er lag mitten auf dem Weg und war kaum ansprechbar. »Fahren Sie nur weiter, fahren Sie nur weiter«, lallte er. Aber das war leichter gesagt als getan. Es war eine extrem schmale Stelle, links vom Weg ging es hangaufwärts und rechts steil hinunter. Was tun? Ich wollte ihn nicht hilflos auf dem Weg liegen lassen, aber alleine hätte ich ihn nicht hochheben können. Es blieb mir nichts anderes übrig, als zurück zur Rechenau zu fahren. Das Herz klopfte mir bis zum Hals, denn damals hatte ich meinen Führerschein noch nicht sehr lange, und der Weg hinunter im Dunkeln und im Rückwärtsgang war gefährlich. Es kam mir wie eine Ewigkeit vor, bis ich endlich eine Stelle fand, an der ich wenden konnte.

Unten alarmierte ich die Bergwacht. Es dauerte nicht lange, da kamen die Männer und auch Jäger von der Rechenau und von Wildgrub. Die Jäger hatten Hilferufe von droben gehört. Gemeinsam wollten sie sich nun auf den Weg machen, um den Mann zu holen. Doch dazu kam es gar nicht mehr, denn plötzlich marschierte dieser daher.

»Was ist denn bei euch los?«, schimpfte er. »Ich lieg' da droben, schrei' um Hilfe, und keiner kommt! Und die Wirtin«, er zeigte empört mit dem Finger auf mich, »die kehrt sogar wieder um!«

Da kam er aber bei den Bergwachtmännern an die Richtigen. Die haben ihm ordentlich den Kopf gewaschen und ihm eröffnet, dass ihn seine Narrheit und Unvorsichtigkeit teuer zu stehen kommen werde.

Gottlob sind nicht alle so ausg'schamt, und in diesem Fall mag auch der Alkohol eine Rolle gespielt haben, der bekannterweise nicht jedem zuträglich ist.

Versöhnt wird man dann wieder durch Gäste wie meinen »Rosenkavalier«. Das war ein treuer Stammgast, der oft mit seiner Frau bei uns am Berg war und mich mit wunderschönen Rosensträußen verwöhnt hat. Den Strauß stellte ich immer dekorativ auf die Theke in der Gaststube, damit ihn viele sehen und sich ebenfalls daran freuen konnten. Natürlich wurde ich oft gefragt, was es denn für einen Anlass gäbe für so einen schönen Strauß, ob ich Geburtstag hätte oder Hochzeitstag. Da habe ich nur gelacht und ein bisschen hochmütig gesagt: »Ich bekomm' immer Blumen, nicht nur an besonderen Tagen!«

Das Ganze hat auch einen kleinen Nachteil gehabt. Mein Hans hat sich ganz abgewöhnt, mir hin und wieder Blumen zu schenken. Sachlich meinte er: »Warum soll ich dir auch noch Blumen kaufen, wenn das schon andere tun?«

Jetzt bin ich dabei, es ihm wieder beizubringen, und er macht schon erste Fortschritte.

»Gottes Tiergarten ist groß«, sagt ein Sprichwort und meint damit ganz treffend die Vielzahl der verschiedenen Typen und Charaktere, die es gibt. Aber das macht das Leben interessant und bunt, besonders wenn man, wie ich als Wirtin, so viele unterschiedliche Menschen kennen gelernt hat in allen möglichen und unmöglichen Situationen.

7. Kapitel

Ohne Zusammenstand geht nichts

Von guten Freunden und hilfreichen Geistern

»Freunde in der Not gehen zehne auf ein Butterbrot«, heißt es in einem alten Sprichwort. Auch wenn Sprichwörter meist einen wahren Kern haben, dieses kann ich aus eigener Erfahrung nicht bestätigen. Im Gegenteil, wir hatten immer Freunde, die uns geholfen haben, wenn Not am Mann war.

Vielleicht hing es auch damit zusammen, dass wir ein offenes, gastliches Haus führten und die Menschen sich bei uns wohl fühlten. Für viele war das Brünnsteinhaus wie ein zweites Daheim.

So ein Gastbetrieb hoch droben auf dem Berg wäre allein gar nicht zu bewirtschaften. Das haben Hans und ich schon am ersten Tag erfahren, damals, als die Frau Randl wegen des Unfalls ihrer Tochter nicht kommen konnte.

Zum Glück war der Wendlinger Franz da, ein guter Freund und Bergwachtler, der leider schon verstorben ist. Er ist hilfreich eingesprungen und hat von da an oft an den Wochenenden geholfen. Er war ledig und hat als Zimmerer im nahen Kiefersfelden gearbeitet.

Seine Hauptarbeit war an der Theke, aber auch sonst hat er überall geholfen, wo es gerade nötig war. Ob beim

Kartoffelschälen, beim Holzholen oder beim Tischeabräumen – er war so etwas wie »der Mann für alle Fälle«
und hat gleichsam zur Familie gehört.

Auch die Lisbeth, meine Schwester, war eine meiner
bewährtesten Kräfte, vor allem beim Bedienen. Wenn
die zwei, der Franz und die Lisbeth, mit mir arbeiteten,
war ich beruhigt. Wir drei waren ein gut eingespieltes
Gespann. Auch wenn es noch so turbulent war, wir
lachten uns bloß fröhlich zu und fragten allenfalls einmal: »Schwimmst du?«

»Ich? Na, nia!«, kam die Antwort. »Du vielleicht?«

»Na, i ned!«

So eine große Verwandtschaft, wie der Hans und ich
sie haben, ist ein Glücksfall, jedenfalls wenn man sich so
gut versteht, wie es bei uns der Fall ist. Da springt immer
wieder einer für den anderen ein, wenn es nötig ist,
manchmal sogar unter Verzicht auf das eigene Vergnü-
gen.

So wie die Toni, meine ältere Schwester. Die hatte einmal bei unserem hiesigen Reiseunternehmen eine Om-
nibusfahrt nach Wien gebucht. Nachdem der Bus alle
Teilnehmer eingesammelt hatte und bereits kurz vor
Salzburg war, begrüßte der Reiseleiter die Fahrgäste
und stellte das Programm für das Wochenende vor.

Da merkte die Toni erst, dass es sich hier nicht um
eine Tagesfahrt handelte. Sie hatte sich schon etwas
gewundert, dass die anderen Mitreisenden Reisetaschen
oder kleine Koffer bei sich hatten und sie nur eine
Handtasche.

»Halt! Stehen bleiben!«, rief sie dem Busfahrer zu.
»Ich muss morgen am Brünnstein arbeiten, lasst mich
sofort aussteigen!«

So geschah es. Der Bus hielt, und die Toni stieg aus. Von ihrem Mann ließ sie sich vom Parkplatz abholen und heimbringen, und tags darauf stand sie bei mir in der Küche.

So verlässlich war die Toni!

Nicht immer war die Hilfe ganz freiwillig, wie folgende kleine Geschichte erzählt:

Einer der Hüttenreferenten hatte zwei Freunde, den Wiggerl und den Rudi. Diese begleiteten ihn oft am Wochenende hinauf, um ihm bei seiner ehrenamtlichen Tätigkeit behilflich zu sein, zum Beispiel bei kleineren Reparaturarbeiten, wie sie immer einmal fällig waren.

Die beiden waren begeisterte Kartenspieler. Eines späten Abends, alle Gäste waren schon im Bett, wollten sie unbedingt noch ihrer Leidenschaft frönen, dem »Watten«, einem alten bayrischen Kartenspiel.

Sie bettelten Lisbeth und mich an, doch noch ein kleines Spiel mit ihnen zu machen. Schließlich und endlich gaben wir nach.

»Aber um irgendetwas müssen wir spielen, sonst macht's keinen Spaß«, bestimmte ich. Um Geld haben wir prinzipiell nicht gespielt, und so einigten wir uns darauf, dass die Verlierer morgen das Frühstücksgeschirr spülen müssten. Ich war ohnehin sicher, dass es die Lisbeth und mich treffen würde – so gewiefte Kartenfüchse, wie sie der Rudi und der Wiggerl waren. Aber welch Wunder, wir hatten gute Karten, haben uns wacker geschlagen, und der Rudi und der Wiggerl haben verloren. »Na ja, wir haben euch halt g'winnen lassen«, meinte der Wiggerl augenzwinkernd zu unserem Kartenglück.

Tatsächlich traten die beiden Männer am nächsten Morgen zur Arbeit an, denn »Spielschulden sind Ehrenschulden«!

Das Frühstücksgeschirr von uns und den Gästen war schon recht viel, aber da haben die beiden noch gegrinst und gefeixt. Aber dann ist es ohne Übergang richtig losgegangen, und der Spültisch ist nie leer geworden. Schon beim Zubereiten des Mittagessens ist jede Menge Geschirr angefallen, und dann sind die Leute an diesem Tag nur so heraufgeströmt. Mittagessen, weiter ging's mit Kaffeegeschirr und Brotzeittellern. Kaum hatten sie etwas gespült und abgetrocknet, wurde es ihnen schier aus der Hand gerissen zur weiteren Verwendung.

Bis zum späten Nachmittag ist das fast ohne Pause so weitergegangen, aber sie haben eisern durchgehalten und seither einen Mordsrespekt vor jeder Spülerin. Mir waren sie an diesem Tag wirklich eine große Hilfe.

Noch heute grinst der Wiggerl, der inzwischen gut in den Achtzigern ist, wenn er mich sieht, und meint: »Einmal hast mich drangekriegt, Christl, aber ein zweites Mal watt' ich nimmer mit dir!«

Urlaub! Das war in den ersten harten Jahren ein Fremdwort für uns. Doch dann ergab sich für den Hans die einmalige Gelegenheit, nach Kanada zu fliegen. Die Musikkappelle Niederaudorf war nach Winnipeg zum dortigen »Bayerischen Oktoberfest« eingeladen, und einige Plätze in der Gruppe waren noch frei. Die Reise erstreckte sich über zwei Oktoberwochenenden – genau die Zeit, in der bei uns Hochsaison ist. Aber wann hätte der Hans noch einmal so eine Chance gekriegt? Ich gönnte es ihm von Herzen.

Ganz ohne Mann würde es allerdings droben am Berg nicht gehen, denn allein konnte ich das Stromaggregat nicht anwerfen, dazu brauchte man gehörige Muskelkraft. Sofort bot sich unser bewährter Freund Franz an, im Brünnsteinhaus zu schlafen, morgens das Aggregat anzuwerfen und dann ins Tal hinunterzufahren, um dort seine Arbeit als Zimmerer zu tun. Abends würde er wieder hinaufkommen, um mitzuhelfen und zu schauen, was noch zu tun wäre.

Meine Schwester Toni hatte ebenfalls versprochen, dass sie die ganze Zeit droben bei mir bleiben würde, und unsere Freunde Manfred, Heinz und Kurt von der Karrerhütte boten ebenfalls ihre Hilfe an.

So war ich nicht allein gelassen, und Hans konnte seine Reise antreten. Ein bisserl komisch war mir schon zumute, so ohne Hans, mit der ganzen Verantwortung auf meinen Schultern.

Mein Mann hatte gut vorgesorgt, vor allem was den Getränkevorrat betraf. Was wir nicht ahnen konnten, war, dass am ersten Wochenende dermaßen viele Leute heraufkamen, dass wir noch Jahre später vom »Jahrhundertwochenende« geredet haben. Das Haus war mit Übernachtungsgästen voll, von den Tageswanderern gar nicht zu reden.

Der Getränkevorrat schwand zusehends dahin, es musste dringend für das nächste Wochenende Nachschub her. Ich rief unseren Lieferanten an, und er versprach mir, das Benötigte bis zur Rechenau zu bringen. Von dort aus musste man es mit dem Unimog zum Brünnsteinhaus hinauffahren. Es waren an die 70 Tragl, die ich bestellt hatte, und für mich war völlig klar: 70 Tragl sind zwei Fuhren. Manfred und Heinz, die den

Unimog fahren konnten, waren bereit, die Getränke von der Rechenau heraufzubringen.

Ich staunte nicht schlecht, als ich den Unimog kommen hörte, und noch mehr riss ich die Augen auf, als ich das Fahrzeug sah: Die beiden hatten alle Getränkekästen auf einmal auf die Ladefläche gepackt, und die Ladung schwankte bedrohlich hin und her. In Panik befürchtete ich, das Fahrzeug würde samt Fahrer und Ladung den Hang, der zum Haus hinaufführte, hinunterstürzen. Aber Gott sei Dank ging alles gut.

Später erst haben die zwei mir gestanden, dass ihnen bei der Sache auch nicht ganz wohl gewesen ist. Am »Schinder«, dem steilsten Wegestück bergauf, wäre der Unimog fast mit der Vorderachse aufgestiegen und nach hinten gekippt.

Es kam übrigens, wie es kommen musste. Am nächsten Tag schon schlug das Wetter um, es schneite heftig, von heute auf morgen kamen keine Gäste mehr, und wir saßen allein droben am Berg. Da haben wir dann mit ein paar kräftigen Runden aus dem neuen Getränkevorrat den guten Ausgang des »Jahrhundertwochenendes« gefeiert.

Als ich dem Hans nach seiner Rückkehr alles erzählt habe, war sein trockener Kommentar: »Ich hab's ja g'sagt, die Getränke reichen für zwei Wochen!«

An eben diesem Jahrhundertwochenende war es auch, als mitten im größten Gedränge die Nachricht kam, ein Wanderer sei vom Gipfel abgestürzt. Die beiden Diensthabenden von der Bergwacht konnten nur die Erstversorgung machen, doch zum Abtransport des Schwerverletzten brauchten sie Verstärkung aus dem

Tal. Dies zu organisieren, war meine Aufgabe, aber ausgerechnet an diesem Tag stand kein entsprechendes Auto zur Verfügung. Man musste die Bergwachtmänner heraufholen. Wieder sprang ein Freund vom Stammtisch ein, der den Haflinger fahren konnte und die Bergwachtler holte. Was war ich froh, denn ich hätte keinen meiner Helfer entbehren können.

Meine Schwester Lisbeth war, wie gesagt, eine meiner beständigsten Hilfen. Sie war früh mit die Erste und abends die Letzte. Sie hat immer als Bedienung gearbeitet und war recht schlagfertig. Ich kann mich nicht erinnern, dass sie jemals um eine treffende Antwort auf jede noch so »dumme« Frage verlegen gewesen wäre.

An einem schönen Herbsttag, wir hatten wieder einmal eine »Schlacht« geschlagen, machten wir es uns, nachdem der letzte Gast gegangen war, in der Küche bei einer Brotzeit gemütlich.

»Die Gaststube räumen wir später auf, heute kommt eh' niemand mehr.« Kaum gesagt, hörten wir draußen Schritte und Stimmen. Die Lisbeth schaute hinaus und rief entsetzt: »Jessas, der Strauß!«

Tatsächlich, es war unser damaliger Ministerpräsident Franz Josef Strauß, der mit einigen Begleitern des Weges kam. Schnell lief sie mit einem Tablett hinaus in die Gaststube, räumte einen Tisch leer und machte sauber.

»Wenn wir gewusst hätten, dass wir heut noch einen so hohen Gast haben, hätten wir schon eher sauber gemacht«, war ihr Kommentar.

»Ja, ja, hoch heroben auf dem Berg«, schwächte er Lisbeths »hohen Gast« leutselig ab, setzte sich, trank mit seinen Begleitern ein paar Gläser Wein und ging wieder des Weges.

Seit damals heißt es bei uns: »Immer erst einen Tisch sauber machen, bevor es Brotzeit gibt. Womöglich kommt der Strauß daher!«

Eines Tages stattete uns seine Frau Marianne einen Besuch ab. Ich begrüßte Frau Strauß, so wie es sich gehört, und sie setzte sich mit ihrer Begleitung in den Garten. Ich wollte sie bitten, sich in unser Gästebuch einzutragen, aber Ernst, der Bruder von Hans, wollte sich diese Aufgabe nicht nehmen lassen. In seinem grünen Schaber und den Filzpantoffeln ging er hinaus, schüttelte der armen Frau Strauß so lange und so kräftig die Hand, dass diese mir schon Leid tat, und bat sie feierlich, sich als »Landesmutter« in das Buch einzutragen. Ich hab' Ernsts Auftritt lachend von drinnen beobachtet. Nur der Gedanke, dass sie den Ernst in seinem Aufzug womöglich gar für den Hüttenwirt hielt, war mir dann doch ein bisserl unangenehm.

Frau Strauß hat sich dann in das Gästebuch eingetragen, allerdings schlicht und einfach als »Marianne Strauß« und nicht als »Landesmutter«.

In jeder richtigen bayerischen Gastwirtschaft gibt es einen »Hausl«, eine Art Hausmeister. Wir hatten derer zwei, ehrenhalber.

Der erste war besagter Franz, und der zweite war der Ernst. Beiden hatten wir einen »Schaber«, eine große, grüne Schürze verpasst, auf dem jeweils »1. Hausl« und »2. Hausl« eingestickt war.

Es war an unserem ersten Kirchweihfest auf dem Brünnstein. Spätnachts, alle Gäste waren schon in den Schlafräumen, öffnete der Franz vor dem Schlafengehen auf der Veranda die Fenster, um durchzulüften. Da sauste vom Verandadach herab eine Gestalt, stürzte vor seinen Augen an die fünf bis sechs Meter tief hinunter, schlug dort auf und blieb regungslos liegen. Ja, was war denn das?

Der Franz rieb sich verwundert die Augen. Schnell rannten wir hinaus, um nachzuschauen. Da lag der Werner, ein Freund vom Franz, bewusstlos am Boden. Vorsichtig wickelten wir den Verletzten in Decken, legten ihn auf eine Trage, und Hans brachte ihn mit dem Auto hinunter ins Krankenhaus.

Später erst haben wir erfahren, was passiert war. Der Werner hatte an diesem Abend mit einem jungen Mädchen angebandelt. In der Nacht dann wollte er bei seiner neuen Bekanntschaft zum Fensterln gehen, und dabei ist er auf dem feuchten Blechdach der Veranda ausgerutscht. Gott sei Dank hat der Franz es gesehen, sonst wäre der Werner womöglich die ganze Nacht draußen gelegen, und um diese Zeit war es schon bitterkalt. So kam er mit einem glatten Beckenbruch davon.

In einem Zeitungsbericht über den Unfall hieß es später: »Der Mann ist in unwegsamem Gelände abgestürzt.« Darüber haben wir recht gelacht!

Später hat der Werner bei uns droben geheiratet, und mit dem Fensterln ist es ein für allemal aus!

Meine einfachste Zeit auf dem Brünnsteinhaus begann, nachdem meine Tochter Johanna eingearbeitet war. Da konnte ich öfters mal das Haus verlassen, und sogar ein paar Tage Urlaub durfte ich mir hin und wieder leisten. Denn ich wusste, alles würde in Ordnung gehen, wenn sich die Johanna darum kümmerte.

Schwierig wurde es, als die Johanna geheiratet hatte und nur noch am Wochenende zu uns heraufkam. Ohne feste Arbeitskraft während der Woche in der Sommersaison, die von Mai bis Ende Oktober dauerte, war die Arbeit nicht mehr zu bewältigen, trotz aller gelegentlichen freundschaftlichen Hilfen.

So machten wir uns zum ersten Mal mittels einer Zeitungsanzeige und der Stellenvermittlung des Alpenvereins auf die Suche nach einer Saisonkraft.

Die Resonanz war nicht groß, so mancher Kandidat verschwand gleich wieder, als er sah, wie weit hinauf es zu uns war und wie einsam nach Arbeitsschluss, so gar keine Vergnügungen gab es.

Es wurde Sommer, und ich hatte immer noch niemanden gefunden.

Im Oktober zuvor hatte ein historisches Ereignis stattgefunden, die Mauer zum Osten war gefallen. So kam es, dass ein junger Mann aus Thüringen anrief und fragte, ob er bei uns arbeiten könne.

»Sollen wir einen Ossi nehmen?«, fragte ich Hans unsicher.

»Freilich, warum nicht? Wir können jeden Tüchtigen brauchen!«, war seine Antwort.

So kam der Fred aus Suhl zu uns. Ein Student, ein ellenlanger Bursch, fast zwei Meter groß. Das Bett, das wir für ihn hatten, war viel zu kurz.

Der Fred machte seine Sache gut, war sehr gelehrig, anstellig und fleißig, sogar Käsekuchen backen konnte er bald. Wir haben uns gut verstanden, und in späteren Jahren hat er immer wieder kurzfristig ausgeholfen.

Heute ist der Fred Lehrer für Mathe und Physik am Gymnasium für Blinde und Sehbehinderte in Königs

Wusterhausen. Vielleicht erzählt er da den Kindern, was er am Brünnstein, im tiefen Bayern, alles gelernt hat: Lager und Zimmer aufräumen, Gasträume sauber machen und Betten beziehen, Toiletten und Waschräume putzen, Geschirr spülen, Kuchen backen und vieles mehr.

Auf der Suche nach Hilfskräften per Zeitungsannonce und Vermittlung habe ich allerhand erlebt. Manche glaubten, diese Anstellung wäre ein erweiterter Bergurlaub, anderen sah man gleich die zwei linken Hände an. Gebirgsromantiker waren meist auch nicht sehr handfest. Einmal hatten wir einen alternativen Grünen, der sich weigerte, eine Wasserrinne auszuräumen, weil doch Ameisen drinnen waren, deren Lebensraum man zerstören würde. Auch mit einem Veganer war es kompliziert, denn dessen Ernährung war äußerst arbeitsaufwändig. Ich musste extra kochen für ihn, denn nicht einmal Eiernudeln wollte er essen. Dafür trank er einmal einen Liter Sahne auf einmal aus. Wie das zusammenpasste, ich weiß es nicht!

Ein anderer wieder war zwar nett, aber für die Arbeit auf einer Berghütte einfach nicht geschaffen. Als dem Hans einmal der Kragen platzte, was so gut wie nie passierte, und er ihn schimpfte, ging er davon, pflückte auf der Wiese ein paar Blumen und legte sie dem Hans auf den Fahrersitz. Lieb war das gemeint, aber es half halt bei der Arbeit nichts.

Für mich war das Arbeiten mit immer neuen Hilfskräften sehr anstrengend. Ich musste mich auf die neue Person einstellen und sie anlernen. Den ganzen Tag war ich mit ihnen auf engstem Raum zusammen, auch noch abends. Da sollte gegenseitige Sympathie und Verständnis schon vorhanden sein, sonst wird der Zusammenstand recht hart und mühsam.

Aber neben ein paar schwierigen Fällen hatte ich meistens Glück, und mit einigen bin ich heute noch in Verbindung.

Trotzdem habe ich mich damals oft zurückgesehnt nach der Johanna und der Karin, dem Franz und dem Ernst, der Lisbeth und der Toni und den vielen anderen, auf die ich immer hoffen und bauen konnte, in allen Lebenslagen. Ohne die Hilfe all derer wäre es nicht möglich gewesen, das Haus durch all die vielen Jahre hindurch zu bewirtschaften.

Christl Seebacher mit ihren Töchtern Johanna und Karin neben dem unentbehrlichen „Haflinger".

8. Kapitel

Auf der Alm, da gibt's koa Sünd

Von Almen und Hütten, Jägern und Sennerinnen

Vieles ist schon geschrieben und gefilmt worden über das »almerische« Leben. Meist handelt es sich dabei um Geschichten, in denen eine junge, fesche Sennerin im schmucken Dirndl und mit »Gretl-Frisur« fröhlich jodelnd nach blitzsauberen Kühen auf der Bergwiese Ausschau hält oder vor einer ebenso gefälligen Alm sitzt und sehnsüchtig auf ihren Liebsten, einen »Jager« oder besser noch einen kühnen »Wildschützen« wartet. Mit ihm verbringt sie dann leidenschaftliche Liebesnächte im Heu, bis irgendein tragisches Geschick beide zu trennen scheint, zum Schluss aber ein gütiges Schicksal sie doch noch vereint zum »Happy End«.

Dass das wirkliche Leben auf der Alm anders war, sehr einfach, dazu geprägt von Arbeit, Mühe und Einsamkeit, das kann man sich wohl denken und auch, dass nicht jede Sennerin ein junges, blitzsauberes Madl war.

Trotzdem – das Leben auf der Alm war schon immer etwas Besonderes, und wer einmal einen Almsommer dort droben verbracht hatte, kehrte oft wieder zurück, und es ist gar nicht ungewöhnlich, dass eine Sennerin für 40 und 50 Almsommer geehrt wird. Im Übrigen, etwas an dem Spruch »Auf der Alm, da gibt's koa Sünd« scheint doch wahr zu sein, wie die nachfolgenden Erinnerungen und Geschichten beweisen.

So hat zum Beispiel einmal eine recht betagte Sennerin auf die Frage, ob sie sich denn nicht fürchte so alleine hier oben, forsch geantwortet: »Fürchten? Nia ned! Vor den Weiberleuten fürcht' ich mich ned, und was die Mannerleut' wollen, das hab' ich!«

Es gab schon lustige Zeiten auf den Almen. Gerade in den Anfangsjahren, als alles noch nicht so hektisch war, sind der Hans und ich zum Beispiel oft nach Feierabend auf die Seeonalm gegangen, wo die Uschi Sennerin war. Die Uschi war eine herzensgute Frau, leider lebt sie nicht mehr. Nie hatte man bei ihr das Gefühl, unpassend zu kommen.

Einmal ließ sie uns wissen, dass ihr das Brot knapp wurde. Wir sollten ihr doch bei Gelegenheit einen Laib mit zur Alm schicken.

Gleich beschlossen wir, den Wecken am Abend selbst zur Seeonalm zu bringen.

Aber wie es so geht, die Brotzeit mit der frischen Almbutter war besonders gut, und von dem Brotlaib war kein Brösel mehr übrig, als wir uns spät in der Nacht verabschiedeten. Ehrensache, dass wir am nächsten Tag mit einem Wanderer einen weiteren Wecken zur Uschi haben bringen lassen, damit sie nicht aufs Brot verzichten musste.

Jeden Freitagabend kam der Freund von der Uschi zu ihr auf die Alm. Er wurde »Xare« genannt, was eine landesübliche Kurzform von Xaver ist.

Auf seinem Weg kam er immer erst bei uns vorbei, um das Schweinefutter, das wir die Woche über gesammelt hatten, abzuholen. Das hat natürlich einige »Pils lang« gedauert. Der Xare trank das Pils nur aus braunen Flaschen. Aus grünen, so meinte er, schmecke es nicht. Da haben wir oft das Bier umgefüllt, um seinem Wunsch nachzukommen. Er hat es nie gemerkt, sondern immer wieder voll Genuss bestätigt, dass das Pils aus einer braunen Flasche viel besser schmecke als aus einer grünen. Wahrscheinlich hat er Recht gehabt!

Oft blieb er so lange, bis wir mit unserer Arbeit fertig waren, und wir sind dann mit ihm noch zur Alm gewandert. Manchmal kam auch der Hans W., ein Austragsbauer, der auf einer Nachbaralm als Senner arbeitete. Der konnte ganz großartig auf seiner diatonischen »Ziach« spielen, und so wurde es oft eine lange und lustige Nacht, und es wurde gesungen und getanzt. In der Früh hat der Hans oft noch beim Mähen im Almgarten geholfen, aber zum »Wecken« waren wir immer pünktlich daheim. Wir waren noch jung, und es hat uns nichts ausgemacht, eine ganze Nacht durchzufeiern und am nächsten Tag wieder unsere Arbeit zu tun. Es war eine schöne Zeit damals, und schöne Erinnerungen sind geblieben.

Auf einer der Almen war seinerzeit als Sennerin eine ledige Person, eine resolute und tüchtige Almerin, nennen wir sie Resi. Bei den Mannsbildern war sie recht beliebt, aber ihr hat nicht jeder gepasst.

Ein Bauer aus dem Tal ist jahrelang hinaufgegangen zu der Resi. Das war allgemein bekannt, denn in einem begrenzten Bezirk, in dem jeder jeden kennt, kann man so etwas nicht geheim halten. Nur die Resi selbst hat immer so getan, als wäre da nichts.

Ihr Liebhaber musste sein Fahrzeug weit unten stehen lassen und zu Fuß hinauf auf die Alm gehen. Irgendein Zeichen muss sie gehabt haben, um ihn zu warnen, wenn Besuch auf der Alm war, denn nie hat man den Mann bei ihr angetroffen. Aber einmal sind sie doch erwischt worden:

Der Jochen, der Senner von der Audorfer Alm, ist einmal auf seinem Weg zu uns frühmorgens an der besagten Alm vorbeigekommen, und wie es der Brauch ist, wollte er kurz »Grüß Gott« zur Resi sagen. Alles war verschlossen. Auf sein Klopfen hin rief die Resi von drinnen mit wehleidiger Stimme: »Geh weiter, ich kann dir heut nicht aufmachen, ich hab solches Kopfweh!«

Dem Jochen war natürlich gleich klar, welcher Art dieses »Kopfweh« war, denn der Rucksack, der auf der Hausbank draußen lag, war ihm nur allzu bekannt: Es war der von seinem früheren Bauern.

Wie gesagt, die Resi hatte mehrere Verehrer, die wie hitzige Kater um die Alm geschlichen sind, in der Hoffnung, in der Resi ihrem »Kreister«, wie man die Schlafstatt auf einer Alm nennt, zu landen. Aber die Resi war recht wählerisch.

Wieder einmal hatte einer der Bewerber beobachtet, wie der besagte Bauer seinen Bulldog unten parkte und hinauf zur Resi schlich. Da hat ihn zu seiner Eifersucht die Wut gepackt. Er hat kurz entschlossen die Hose runtergelassen und auf den Fahrersitz des Nebenbuhlers einen dampfenden Haufen gesetzt.

Auf einer Alm, die auch nicht allzu weit, ungefähr eine halbe Stunde zu Fuß, vom Brünnsteinhaus entfernt ist, war einmal einen Sommer lang eine ganz alte Sennerin, die Babett. Sie war damals schon in den Achtzigern, und es wurde erzählt, dass sie einmal wegen Wilderei im Gefängnis gesessen haben soll. Die Jäger haben die Babett und ihre Alm vorsorglich im Auge behalten, denn sie haben sich gesagt: »Wer in dem Alter noch eine Alm bewirtschaften kann, der kann auch noch ein Gewehr halten.«

Aber diese Sorge war unbegründet, denn die Babett hat so schlecht gesehen, dass sie keine Fliege vom Kümmel hat unterscheiden können. Recht reinlich ist sie ohnehin nicht gewesen, und im Hüttenhäusl ist es nicht besonders sauber zugegangen.

Doch die Babett hat sich immer gefreut, wenn jemand bei ihr vorbeikam. Ihre Spezialität waren kleine Käselaiberl mit Kümmel. Auf einer Alm gibt es naturgemäß durch das Vieh eine Menge Fliegen. Da kam es schon vor, dass nicht nur Kümmel im Käs war, sondern dass dieser sich bei näherem Hinschauen als eine Fliege herausstellte. Nachdem das einmal bekannt geworden war, hat jeder eine Ausflucht gesucht, um die angebotene Brotzeit nicht annehmen zu müssen.

»Dank schön, Babett, aber ich hab' gar keinen Hunger, ich hab' grad erst gegessen«, hat es da meist geheißen.

»Dann nimmst den Kas halt mit«, meinte die Babett freundlich, und wer wollte die alte Frau enttäuschen? Aber essen wollte die Kaserl auch niemand, und so hat manches dieser Laiberl seinen Weg den nächsten Abhang hinunter gefunden.

Lange bevor die Babett auf dieser Alm war, wurde sie von Männern bewirtschaftet. Einmal, es muss so um

1975 gewesen sein, waren zwei ältere Senner droben. Der eine, der Buchauer, hatte die Schlüsselgewalt, und der andere, der Widauer Franz, war als Hilfe bei ihm. Es wurde gemunkelt, in Wirklichkeit fürchte sich der Buchauer dort oben ganz allein und hätte deshalb den Widauer zu sich hinaufgeholt.

Es war ein Sonntag, da kam der Widauer zu uns ins Brünnsteinhaus, um eine Halbe Bier zu trinken, wobei es natürlich nicht bei einer Halben geblieben ist. Dem Buchauer hat das zu lange gedauert, und er hat sich auf dem gewohnten Weg zu uns herauf gemacht, um den Widauer zu holen. Der Widauer jedoch war dieses Mal einen anderen Weg hinuntergegangen, und so hatten sie sich verfehlt. Jetzt hat sich der Buchauer Sorgen gemacht. Das Wetter war recht neblig, und ganz nüchtern war der Widauer nicht mehr gewesen. So sind wir alle zusammen aufgebrochen, um ihn zu suchen: Der Hans und ich, der Buchauer sowie zwei unserer Freunde, der Alex und die Traudl, die gerade auf der Hütte waren. Der Widauer stand inzwischen im Regen vor der Hütte, fuchsteufelswild, weil abgesperrt war und er keinen Schlüssel hatte. Letztendlich, nachdem die beiden Senner ausgestritten hatten, gab es eine Runde Schnaps für alle und noch eine und noch eine. Inzwischen war es dunkel geworden, und wir vier traten den Heimweg an.

Das Bier und der Schnaps, ohne eine ordentliche Grundlage im Magen, taten ihre Wirkung, und es kam, wie es kommen musste: Der Hans rutschte aus und verhakte sich unglücklicherweise im Stacheldraht eines Weidezaunes. Der Alex, der im Dunkeln nichts sehen konnte, wollte ihm aufhelfen, rutschte aber immer wieder ab und trat dabei dem Hans mit seinen genagelten

Schuhen voll auf die Brust. Es war eine Situation, wie man sie im Bauerntheater nicht besser hätte darstellen können: Zwei schon recht angeheiterte Männer, nachts, auf einer Kuhweide, im Stacheldraht verstrickt, mit dem Aufstehen kämpfend. Die Traudl und ich hielten uns den Bauch vor Lachen. Was wir nicht bemerkten, war, dass der Alex dem Hans mit seinen Fußtritten bei seiner vergeblichen Hilfe zwei Rippen gebrochen hatte. Diese Nacht hat der Hans lange nicht vergessen!

Eine ganz besondere Person war die Inge, die Frau vom »Hans mit der Ziach«. Die beiden hatten die Ramerbeck-Alm gepachtet und waren im Wechsel zur Bewirtschaftung den Sommer über oben. Der Mann war Invalide. Nach einer schweren Kriegsverwundung hatte er eine Silberplatte im Kopf. Aus diesem Grund bekam er auch keine Fahrerlaubnis. So hat der Hans mit seinem Geländewagen der Inge immer wieder beim Umzug im Frühsommer auf die Alm geholfen. Der »Hans mit der Ziach« war ein ruhiger und gutmütiger Mann, aber sie, seine Frau, war von einer etwas anderen Gangart. Sie entstammte, wie sie selbst immer wieder stolz erwähnte, einer »guten Familie mit adligen Wurzeln bis hinab nach Ungarn« und hatte eine »höhere Töchterschule« besucht. Aber trotz der »höheren Bildung«, die sie genossen hatte, konnte sie ein dermaßen derbes und deftiges Bayrisch reden, dass sogar unsereins kaum mitgekommen ist. Jetzt war sie, wie das Leben halt manchmal so spielt, mit einem einfachen Bauern verheiratet, und das nagte doch etwas an ihrer Ehre. Sie wusste alles besser, fühlte sich für Gott und die Welt verantwortlich und aufgerufen, jedes Unheil bessern zu müssen. Wenn in

Südtirol drunten eine Dürre war, schimpfte sie meinen Hans, warum er dagegen nichts tun würde!

Ihre Alm hatte sie gut in Schuss, und man muss sagen, dass nicht leicht eine Sennerin ihre Kühe beim Almabtrieb im Herbst schöner mit »Aufsteckern« schmückte als die Inge. Dazu hatte sie eine besondere Begabung und Liebe. Und jodeln konnte sie! Wenn der Wind entsprechend stand, konnte man sie schon von fern hören.

Aber dieses Jodeln hatte auch seine Schattenseite. Jedes Jahr fragte sie mich nach Helfern für den Almauftrieb im Frühjahr und den Almabtrieb im Herbst, denn ich kannte ja viele Leute, und immer wieder fand ich junge Burschen, die bereit dazu waren. Aber die meisten machten es nur einmal. Fast immer kamen sie danach zu mir und meinten: »Einmal hast uns drangekriegt, Christl, aber ein zweites Mal nimmer.«

Die Inge hatte nämlich die Angewohnheit, während des Viehtriebes urplötzlich loszujodeln und zu »juchetzen«, sodass die Kühe vor Schreck den Schwanz aufstellten und links und rechts in den Wald ausbrachen. Es war dann für die Männer recht mühsam, die oft weit versprengte Herde wieder einzufangen und auf den Weg zu bringen.

Auch die Traudl aus Stuttgart half der Inge oft beim Kühetreiben. Sie machte das gerne, denn hinterher gab es immer etwas zum Erzählen und Lachen. Für den Almauf- bzw. -abtrieb hat sie sich bei uns passende Kleidung ausgeliehen: einen Lodenumhang, Hut und Bergstock. Eines Tages kam ihr ein Wanderer entgegen. Der hielt sie wegen ihrer Aufmachung als Almerin für eine Einheimische und redete sie an: »Grüaß di, Oimerin!«

Die Traudl, die schriftdeutsch spricht, verstand den Dialekt nicht und gab höflich zurück: »Guten Tag!« Und dann folgte die Frage: »Sagen Sie mal, was ist denn das, eine ›Oimerin‹?«

Da sah sie der Wanderer entgeistert an und meinte: »Auweh, jetzt san s’ da aa schon herob’n.«

Als sich die Inge einmal bei mir beklagte, dass sie niemanden mehr finde, der ihr helfen würde, klärte ich sie auf:

»Weißt, Inge, du fangst immer zum juchetzen an, die Küh’ gehen auf und davon, und die Männer haben zu tun, um alle wieder einzufangen!«

Da meinte sie ganz erstaunt – mit mir redete sie immer hochdeutsch: »Meinst du denn, Christl, ich sollte nicht mehr jodeln?«

Darauf wusste ich auch keinen Rat, denn schön gejodelt hat sie ja schon, die Inge, was sogar ein adliger Herr einmal bestätigt hat.

Graf Arco-Zinneberg von Moos war der Jagdinhaber in unserer Gegend. Wieder einmal war er mit seinem Jäger, dem Max, zur Jagd gekommen. Noch in der Dunkelheit stiegen sie auf den Hochsitz, der nahe der Almhütte der Inge stand, und warteten auf den Hirsch, den der Graf erlegen wollte. Tatsächlich, in der Morgendämmerung knackte es im Wald, und der Hirsch trat majestätisch hinaus auf die Lichtung. Gerade als der Graf das Gewehr anlegte zum Schuss, ertönte plötzlich ein Jodler aus voller Kehle und danach ein aus freudigem Herzen kommender Juhuschrei. Die beiden Männer erstarrten, und der Hirsch flüchtete erschrocken in den Wald zurück.

»Himmiherrschaftszeiten«, schimpfte da der Jäger,

nahm sein Jagdglas und schaute in die Richtung, aus der der störende Gesang gekommen war. Da sah er in der Ferne die Inge, wie sie im Nachthemd vor ihrer Hütte stand, sich der Morgensonne entgegenstreckte, mit dem Hintern wackelte und in der Hütte verschwand.

»Des war die Inge, des Luder, die uns mit ihrem Gschrei den Hirschen verjagt hat. Aber der werd ich den Marsch blasen!«, wütete der Max.

»Aber nein«, begütigte ihn der gräfliche Herr. »Hirsche schießen kann ich noch viele, aber eine so begnadete Jodlerin wie diese Frau werde ich nicht mehr oft zu hören bekommen.«

Von der Inge gäbe es noch vieles zu erzählen. Sie hatte unter anderem die Angewohnheit, die Alm im Herbst, entgegen dem üblichen Brauch, ganz zu räumen und alles ins Tal zu schaffen, um es im Frühjahr wieder hinaufbringen zu lassen. Da ihr Mann, wie gesagt, aufgrund seiner Invalidität keinen Führerschein hatte, war die ganze Nachbarschaft gefordert, ihr dabei zu helfen.

Einmal musste mein Hans zu Fuß hinunter ins Tal. Auf halbem Weg traf er die Inge, gebeugt unter der Last von Kuhketten und Kuhglocken. Was blieb ihm anderes übrig, als ihr zu helfen? Das muss ein lustiger Anblick gewesen sein, als der Hans mit der Inge, beide schwer mit klingenden Kuhglocken behangen, in der Rechenau auftauchten. Dem Hans war sicher nicht ganz wohl in seiner Haut, als er dort, geschmückt wie ein Pfingstochs, Einzug gehalten hat.

Gelegentlich kam die Inge von ihrer Alm herauf zu uns, teils um etwas Gesellschaft zu haben, aber auch um sich mit Lebensmitteln einzudecken. Einmal, das weiß ich noch wie heute, kaufte sie mir einige Briefmarken ab mit der gönnerhaften Bemerkung: »Damit du auch ein bisserl was verdienst!« Das wurde in unserer Familie eine Art geflügeltes Wort – als ob man an Briefmarken etwas verdienen täte!

Inges Leidenschaft war das Telefonieren, aber auf ihrer Alm gab es kein Telefon. So kam sie meist am Sonntagabend, wenn bei uns endlich Ruhe eingekehrt war, herauf und telefonierte stundenlang in unserer Küche, die auch unser Wohnraum war, mit Gott und der Welt. Das hat unseren Feierabend natürlich ziemlich gestört, und ich muss gestehen, dass ich, wenn es mir gelegentlich zu viel wurde, einfach im Sicherungskasten die Sicherung herausgedreht habe. Ohne Strom kein Telefon! Dann war endlich Ruhe!

Später ging die Inge auf eine Alm in Südtirol. Dort, so erzählte sie meiner Schwiegermutter, sei alles viel schöner, der Bauer sei so gut zu ihr, die Nachbarn rundum so freundlich, und telefonieren könne sie dort, wann sie wolle und so oft sie wolle, und nie flöge eine Sicherung heraus!

Auf der Nordseite des Brünnsteins bewirtschaftete jahrelang eine Austragsbäuerin ihre Alm. Diese pflegte für ihr Mittagessen immer schön aufzudecken. Da kam eines Tages der Sok Simmer daher, der auf einer etwas weiter entfernten Alm ebenfalls Senner war. Wie es der Brauch ist, lud sie ihn zum Essen ein und legte ein zweites Gedeck auf. Dem Simmer, der allein auf seiner Alm hauste, hat das ausgesprochen gut gefallen und noch besser geschmeckt, worauf er seine Schritte sehr oft und ausgerechnet immer zur Mittagszeit auf jene Alm lenkte.

Irgendwann wurde der Bäuerin das dann doch einmal zu viel, und als er wieder einmal kam, legte sie demonstrativ nur ein Gedeck auf, sozusagen als Wink mit dem Zaunpfahl. Das hat der Simmer aber gar nicht kapiert. Verständnislos hat er sie angeschaut, sich an den gedeckten Tisch gesetzt und gefragt: »Jaaa, isst du heut' nix?«

Der Simmer hat auch uns oft besucht und sich dabei oft ein paar Sachen »außer der Reihe« gekauft. Sein Bauer brachte ihm zwar einmal in der Woche die Verpflegung, aber ein Glas Kirschkompott, eine Tafel Schokolade oder ein Stück Kuchen mochte der Simmer recht gerne, und das holte er sich dann bei uns. Am wichtigsten waren die Zigaretten, »Salem ohne« musste ich ihm regelmäßig besorgen.

Er nahm sich stets genügend Zeit für seinen Besuch, denn er wollte sich ja auch ein wenig unterhalten. Da kam es schon vor, dass, wenn der Müller Heini, ein Austragsbauer aus Holzkirchen, bei uns zu Gast war, die beiden wie selbstverständlich bei mir in der Küche saßen und stundenlang dischkrierten. Meist ging es dabei über landwirtschaftliche Dinge, wie man z. B. die Kühe aus dem Stall treibt, ohne dass sie ihre Fladen auf dem Boden hinterlassen. Ich hab's inzwischen vergessen, wie das geht, aber oft hab' ich mir, hinter'm Herd stehend, das Lachen über ihre »Wissenschaften« nicht verkneifen können.

Zu dieser Zeit war wieder einmal meine Schwester Lisbeth zur Hilfe auf dem Brünnsteinhaus. Wir hatten tagelang viel Betrieb gehabt und waren nie in Ruhe zum Essen gekommen. Jetzt freuten wir uns auf ein besonders gutes Abendessen. Hans hatte uns eine Rinderlende mitgebracht, und wir schwärmten schon den ganzen

Nachmittag von dem Braten. Übernachtung war auch keine angemeldet, so hatten wir unsere wohlverdiente Ruhe und erwarteten einen gemütlichen und genussvollen Abend zu zweit. Endlich saßen wir zusammen am Tisch, ein kühles Pils war eingeschenkt, und wir schauten voller Vorfreude auf unser Essen, da meinte die Lisbeth:

»Jetzt geht uns nur der ›Isst-du-heit-nix‹ ab.«

Kaum ausgesprochen, ging die Küchentüre auf, und der Simmer kam mit seinen großen Schritten herein und eilte zu uns an den Tisch. Er schwenkte seinen Rucksack auf die Bank und sich dazu und rief mit freudigem Blick auf unseren schön gedeckten Tisch aus: »Ja, da kumm i ja grad recht!«

Lisbeth und ich sahen uns an, sprangen auf, liefen aus der Küche hinaus in die Speisekammer und ließen uns dort auf den Boden fallen. Vor lauter Lachen kamen uns die Tränen, und aller Stress der letzten Tage fiel von uns ab. Endlich rafften wir uns auf und gingen zurück in die Küche. Brav teilten wir unser Essen mit dem hocherfreuten Sok Simmer, und alles war wieder, wie es sein soll droben auf dem Berg.

Ja, droben auf dem Berg, da geht man auch auf die Jagd, und nicht nur die Jäger tun es, sondern gelegentlich auch die Wilderer. Es muss dabei ja nicht gleich so dramatisch zugehen, wie in der altbekannten Moritat vom »Wildschütz Jennerwein«, der von einem feigen Jäger hinterrücks »ward hinweggeputzt von dieser Erd«.

Bei uns fallen dafür die gewilderten Gämsen vom Himmel. So geschah es einmal einer Gruppe von Wanderern, die von der Rosengasse auf dem Weg zu uns war.

Die Leute müssen ziemlich dumm geschaut haben, als plötzlich eine tote Gams vom Felsen fiel und direkt vor ihren Füßen landete.

Einer der Männer blieb als Wache bei dem Tier zurück, während die anderen zu uns heraufkamen und aufgeregt die unglaubliche Geschichte berichteten. Da der zuständige Revierjäger nicht zu erreichen war, machte sich der Hans mit einer Kraxe auf den Weg, um das Wild zu holen. Für ihn stand einwandfrei fest, dass die Gams gewildert war. Denn kein Jäger hatte sich blicken lassen, und niemand hatte einen Schuss gehört.

Der Hans hängte die Gams in der Holzhütte zum Ausweiden auf. Währenddessen kamen zwei uns sehr gut bekannte Einheimische daher. Fachmännisch und interessiert begutachteten sie mit dem Hans das Wild.

»Die hat bestimmt ein Schlagerl getroffen«, meinte der eine, und der andere pflichtete ihm bei: »Ja, ja, so was gibt's auch bei de Viecher!«

Der Hans brummelte nur vor sich hin und arbeitete weiter an der Gams. Da stieß er auf das Geschoß, das dem Tier zum Verhängnis geworden war. Es handelte sich um ein Kleinkaliberprojektil, und das war für den Hans der letzte Beweis dafür, dass es sich um einen Fall von Wilderei handeln musste. Denn nie würde ein Jäger mit einem Kleinkalibergewehr auf eine Gämse schießen.

»Da schaut's her, das war euer Schlagerl«, meinte er und hielt den beiden die Kugel unter die Nase.

»Ja, so was, so eine Sauerei! Dass heutzutag noch einer wildert!«, empörte sich der eine scheinheilig, während der andere mit erkennbarem Stolz feststellte: »Aber ein glatter Treffer war's.« Dabei konnten beide ein Grinsen nicht unterdrücken.

Da fiel es dem Hans wie Schuppen von den Augen, war doch allgemein bekannt, dass die beiden – zumindest in ihrer Jugend – illegal der Jagdleidenschaft gefrönt hatten. Und es war doch ein recht merkwürdiger Zufall, dass diese beiden Schlitzohren ausgerechnet in dem Moment auftauchten, in dem der Hans die Gams herbeischleppte. Jetzt wurde ihm auch klar, woher das Wildessen kommen sollte, zu dem die schon ziemlich betagten Herren anlässlich ihres demnächst bevorstehenden 70. Geburtstages eingeladen hatten. Beweisen konnte man den Wildfrevel nie, und gute Freunde sind wir trotzdem geblieben.

Jahre später bei unserem Abschied vom Brünnstein – einer unserer Wildschützen war inzwischen verstorben – schenkte der Hans dem Überlebenden das Gehörn der damals gewilderten Gams mit den Worten:

»Schau, da hast des Krickerl von dera Gams, die du damals mit deinem Spezi zusammen gewildert hast.«

»Wie kommst den da drauf?«, empörte sich der Alte. »So was tät ich doch gar nia net!«

Fast liebevoll hat er daraufhin die etwas verspätete Jagdtrophäe gestreichelt und sie voll Freude mit heimgenommen. Heute haben die Gamskrickerl einen Ehrenplatz in seiner guten Stube

In den letzten Jahrzehnten hat sich auf den Almen, zumindest in unserem gut erschlossenen Gebiet, manches geändert. Viele Almen werden gar nicht mehr bewirtschaftet, oder die Bauern versorgen das Vieh droben vom Tal aus, denn es führen zum Teil gut ausgebaute Wege hinauf, sodass man leicht mit dem Geländewagen hinauffahren kann.

Meist ist heute fast nur noch Jungvieh, das nicht gemolken werden muss, auf der Weide. Da reicht es, wenn man alle paar Tage nachschaut, ob alles in Ordnung ist. Die Milcherzeugung rentiert sich heute für viele Bauern nicht mehr, so gering ist der Ertrag bei den heutigen Milchpreisen. Stattdessen werden die Bauern jetzt subventioniert, wenn sie Felder brachliegen lassen und weniger Milch erzeugen! So eine verrückte Welt ist das geworden!

In schneereichen Wintern gibt es in den Bergen ohne Schlitten kein Durchkommen mehr.

9. Kapitel

Lawinen, Blitz und Feuerwerk

Vom Menschen und den Naturgewalten

Heute wissen wir über das Wetter und seine Entstehung viel mehr als noch vor wenigen Jahrzehnten. Täglich werden im Radio, im Fernsehen und in der Zeitung Berichte über die Wetterentstehung und die Prognosen für die nächsten Tage gebracht, auch wenn sich diese nicht immer als ganz richtig erweisen und man den Regenschirm besser mitgenommen hätte.

Früher war das ganz anders. Besonders in den Bergen verlaufen Wetterumschwünge oft sehr schnell und weitaus dramatischer als im flachen Land. Wenn man in der freien Natur der elementaren Gewalt eines solchen Unwetters ausgesetzt ist, kann dieses sogar tödlich enden.

So ist es gut zu verstehen, dass man vor noch gar nicht so langer Zeit Naturkatastrophen Geistern und Hexen zuschrieb, und auch der Brünnstein hat der Sage nach seine eigene Wetterhexe.

Auch wenn in unserer Zeit niemand mehr daran glaubt, zu sehen ist die »Hexe« auch heute noch immer wieder als schwarz dräuendes Wolkengebilde, das sich wie ein Riesenweib hinter dem Hexenfelsen über der Brünnsteinschanze erhebt, wenn ein Gewitter droht.

Früher stellte man sich vor – und hat man es auch den Kindern erzählt –, dass sie mit ihrem Besen auf dem Berg kehrt und dabei Gestein und Geröll wegfegt, das mit Getöse hinunter ins Tal rollt und springt und alles zerstört, was sich ihm in den Weg stellt.

Im Winter wiederum trat die Wetterhex, boshaft wie sie war, Schneebretter los, die donnernd ins Tal hinunterfuhren und alles unter sich zudeckten wie mit einem weißen Leichentuch.

Da gab es kein Entrinnen. Häuser wurden zerstört, ganze Wälder geknickt, und wehe, ein Mensch wurde erfasst. Für so einen konnte man dann nur noch beten, drin in der Stube unterm Herrgottswinkel, und eine Wetterkerze anzünden.

Auch das Brünnsteinhaus blieb im Laufe seiner Geschichte von solchen Naturkatastrophen nicht verschont. Die Gründer, die 1893 den Standort ausgesucht hatten, schwärmten zwar von der schönen Lage und dem herrlichen Blick auf das schroffe Felsenmassiv des Wilden Kaisers mit der Fleischbank, dem Totenkircherl, der Karlspitze, der Ellmauer Halt und wie die Gipfel sonst noch alle heißen, aber andererseits hatten sie bei der Wahl des Bauplatzes keine so ganz glückliche Hand. Sie hatten wohl gedacht, direkt vor dem 300 Meter hohen südlichen Gipfelaufbau wäre das Haus gut geschützt, aber vielleicht war ihnen nicht klar, dass dieser aus nicht sehr stabilem Kalkstein besteht. Ein schmaler Schutzwald bewahrte das Haus zwar vor leichterem Steinschlag, Lawinen und Schneebretter konnte er aber nicht aufhalten.

1907 verschüttete eine erste Lawine das Haus bis zum Giebel. Es war wie ein Wunder, dass zwei junge Mädchen, die sich im bergseitigen Bierkeller befanden, nach einer angsterfüllten Nacht zwar halb erfroren, aber lebend gerettet werden konnten.

1928 drückte ein gewaltiges Schneebrett das Nebengebäude ein, ebenso sämtliche Türen und Fenster im Haus. Im Tal unten hegte man die schlimmsten Befürchtungen, und der damalige Hüttenwart machte sich mutig auf, um hinaufzusteigen und zu sehen, ob noch etwas zu retten sei. Sieben Stunden lang kämpfte er sich mühsam durch den brusttiefen Schnee, bis er endlich ankam.

»Es war ein erhebender Anblick«, so berichtete er später, »das Brünnsteinhaus zwar halb zugeschüttet, aber friedlich im Mondlicht liegen zu sehen.«

Die damalige Hüttenwirtin, die das Unheil hatte kommen sehen, hatte es gerade noch geschafft, das Bettzeug, einige Küchengeräte und sich selbst in Sicherheit zu bringen.

1953 schließlich fegte der bisher letzte Schneesturz vom Gipfel herab und über das Haus. Er räumte das Schlafhaus, einen neben dem Haus stehenden Holzbau mit Notlagern, ratzeputz weg. Nicht auszudenken, was geschehen wäre, wenn die Lawine etwas weiter links herabgegangen wäre. Vom Brünnsteinhaus und seinen Bewohnern wäre wohl nicht mehr viel übrig geblieben.

Um kleinere Steine oder leichte Schneebretter oben am Hang zu halten, hat Hans mit einigen Helfern eine provisorische Verbauung gegen diese Gefahren gebaut. Hinter dem Haus wurden bergseitig Baumstämme kreuz und quer zwischen die bestehenden Bäume gelegt. Das gab uns doch ein besseres Gefühl.

Der letzte größere Lawinenabgang, den wir erlebt haben, hat uns im April 1995 einen gehörigen Schrecken eingejagt. Ganz plötzlich, so gegen elf Uhr vormittags, hat sich ein riesiges, 300 Meter breites Schneebrett am Gipfel gelöst und ist die Wand heruntergedonnert. Unsere Verbauung hat dem Druck standgehalten, sodass nur ein Teil der Schneemassen auf das Haus gerutscht ist. Das Dach hat es zum Glück ebenfalls ausgehalten, und so ist weiter nichts passiert. Kein Mensch und kein Tier wurde verletzt, lediglich mehrere kleine, junge Fichten wurden geknickt.

Meist hatten wir im Winter viel Schnee, und für die Kinder war es schön, draußen in der Winterwelt zu sein. Wenn allerdings der Schnee sehr hoch und locker war, ließen wir sie nicht mehr draußen spielen. Das wäre zu gefährlich gewesen. Einmal, als oben am Gipfel ein großes Schneebrett überhing, haben wir die Kinder, die ihr Schlafzimmer im bergseitigen Teil des Hauses hatten, in die vorderen Zimmer zu uns ausquartiert. Die Wächte ist aber Gott sei Dank nicht abgebrochen, sondern im Frühjahr in der Sonne langsam abgeschmolzen. Aber immer wieder habe ich voll Bangen hinaufgeschaut und gehofft, dass die tonnenschweren Massen droben bleiben und nichts passiert.

In manchen Wintern war das Haus so tief eingeschneit, dass der Schnee bergseitig 2,50 bis 3 Meter hoch auf dem Dach lag. Man musste diese ungeheuren Massen abschaufeln, weil man befürchtete, das Dach würde dem zentnerschweren Gewicht nicht standhalten. Es wäre auch kein Tageslicht mehr in die Zimmer gefallen, wenn man die Dachflächenfenster nicht freigeschaufelt hätte.

So schön das Wintersportvergnügen ist, so gefährlich kann es auch sein. Immer wieder hört man von gewaltigen Lawinenabgängen, die sogar ganze Dörfer verschütten, wie erst vor wenigen Jahren in Österreich geschehen, und nicht wenige Tote sind jährlich zu beklagen. Schon die ganz geringe Zusatzbelastung eines einzelnen Tourengehers reicht aus, um eine riesige Lawine auszulösen.

Umso wichtiger ist der tägliche Lawinenlagebericht, insbesondere für Skitourengeher. Dieser Bericht kann nur erstellt werden durch tägliche morgendliche Messungen des Schnees an verschiedenen Orten in entsprechender Höhe. Dies war eine besonders verantwortungsvolle Aufgabe, die der Hans übernommen hatte.

Einen Monatsbericht über die täglichen Niederschlagsmengen für das Wetteramt München hatte er schon seit Beginn unserer Zeit auf dem Brünnstein gefertigt, aber im Jahre 1985 kamen dann die Messungen für die Lawinenwarnzentrale dazu.

Da hieß es jeden Tag früh aufstehen und Lufttemperatur, Schneehöhe und -dichte, Setzung, Windstärke und -richtung sowie Triebschneeansammlungen zu prüfen, aufzuschreiben und an das Bayerische Landesamt für Wasserwirtschaft durchzugeben, das dann bis morgens um acht Uhr den Lawinenlagebericht erstellt und in Radio und Fernsehen veröffentlicht.

Zusätzlich hat der Hans alle zwei Wochen ein Schneeprofil ermittelt und gezeichnet. Dazu musste er ein quadratisches Loch graben und mittels eines Rammbären die unterschiedliche Dichte, Härte und Temperatur der einzelnen Schichten der Schneedecke ermitteln sowie mit einer Lupe die Kristallbildung studieren. Aus all diesen Fakten, die von verschiedenen Orten zusammengetragen werden, wird dann die Schneewetterlage ermittelt.

Es war nicht immer lustig, täglich frühmorgens bei jedem Wetter hinauszugehen und die nötigen Messungen durchzuführen, aber der Hans hat es als Dienst an der Allgemeinheit gesehen, den er gerne verrichtet hat – jedenfalls meistens.

Das Frühjahr droben auf dem Berg ist meist kurz, denn der Schnee braucht oft sehr lange, bis er abgeschmolzen ist. Da herrscht drunten im Tal oft schon Sommer- und Badewetter.

Es gab auch Jahre, da hat der Sommer fast nicht stattgefunden, weil es immer wieder geschneit hat, selbst im Juli und August. Die Bauern mussten dann das Futter für die Kühe auf die Alm hinauffahren, weil diese unter der Schneedecke nichts mehr zu fressen finden konnten. Die Tiere sind allerdings so gescheit, dass sie sich während solcher Schlechtwetterphasen ganz in der Nähe der Almhütte aufhalten, sodass der Bauer sie nicht erst eintreiben muss.

Unwetter brechen in den Bergen oftmals schnell und mit elementarer Gewalt herein. Einmal hat bei einem schweren Gewitter ein Blitz mit solcher Energie in den Gipfel des Brünnsteins eingeschlagen, dass es einen Teil des Felsens regelrecht gesprengt hat. Der Blitz ist dann an den Drahtseilen der Seilversicherung des Klettersteiges heruntergefahren und hat dabei sämtliche Haken aus dem Fels gerissen. Wir haben den lauten Knall gehört und die Erschütterung gespürt, und kurz darauf ist eine Steinlawine neben dem Haus herabgeprasselt. Was der Blitz tatsächlich angerichtet hatte, haben wir erst am nächsten Tag gesehen.

Gott sei Dank war zu dieser Zeit niemand auf dem Weg nach oben, denn von dem hätte man wohl nicht mehr viel gefunden, allenfalls ein kleines, verkohltes Häuflein.

Wie schwer solche Gewitter in den Bergen sein können, haben wir auch erlebt, als ein Blitz eine uralte, ungefähr 150 Jahre alte Fichte vor dem Haus gespalten und zertrümmert hat. Im weiten Umkreis lagen die Äste verstreut, als wäre der Baum mit Dynamit in die Luft gesprengt worden.

Dass der Blitz eine Kuh erschlägt, ist durchaus alltäglich, aber dass gleich sechs auf einmal getroffen werden, das ist doch etwas Ungewöhnliches. Aber genau dies ist vor Jahren auf der benachbarten Herrnalm geschehen. Die Kühe, die sich vor dem Wetter fürchteten, hatten sich zum Schutz unter einem Baum eng zusammengedrängt. Der Blitz schlug in den Baum ein und tötete alle Tiere.

Ein weiteres Problem stellen in unserem Voralpengebiet die Hagelunwetter dar, die oft verheerende Schäden an Gebäuden und der Ernte anrichten. In den Sechzigerjahren beschloss die zuständige Behörde in Rosenheim, dagegen etwas zu unternehmen. Es waren Raketen entwickelt worden, die mit einem Sprengkopf ausgerüstet waren, der mit Silberjodid gefüllt war. Diese Raketen hat man in das sich zusammenbrauende Unwetter geschossen. Durch den Druck bei der Explosion des Sprengkopfs und das frei werdende Silberjodid sollte bewirkt werden, dass sich die in der Wolke enthaltene Feuchtigkeit nicht zu Hagelkörnern zusammenklumpt, sondern als harmloser Regen fällt.

Von verschiedenen Hochlagen aus sollten diese Raketen abgefeuert werden; unter anderem suchte man auch den Brünnstein dazu aus. Von hier hatte man eine besonders gute Sicht nach Westen, zur Wetterseite hin, und konnte aufkommende Unwetter, die berüchtigte »Wetterhexe«, frühzeitig erkennen.

Zu dieser Tätigkeit brauchte man natürlich eine spezielle Ausbildung, denn man hantierte mit gefährlichem Sprengstoff. Hans hat an einer entsprechenden Unterweisung teilgenommen und sein Wissen an mich weitergegeben, denn in seiner Abwesenheit musste ich das Abschießen der Hagelraketen übernehmen.

Die Abschussanlage bestand aus einem blechernen Unterstand für den Schützen, der etwa 15 Meter von der Abschussrampe entfernt war, einem eisernen Gestell mit einem Rohr, in das man die Rakete steckte. »Cape Canaveral« im Kleinformat. Ein Schild »Sicherheitsbereich der Hagelabwehr mit Raketen« vervollständigte die Anlage, denn natürlich durfte sich im Fall des Falles niemand an dieser Stelle aufhalten. Die Raketen selbst waren im Keller in einem Betontrog untergebracht, der mit einer eisernen, verschließbaren Platte gegen unbefugten Zugriff gesichert war.

Wenn sich eine Unwetterwolke zusammenbraute, ging man in den Keller und holte zwei bis drei Raketen heraus. Die Raketen steckte man nacheinander in das Rohr der Abschussrampe und verband sie mittels eines Zündkabels mit dem Dynamo in der Unterstandshütte. Durch Kurbeln des Dynamos erzeugte man den Zündfunken, der die Rakete zum Abschuss brachte. Dann hieß es in Deckung gehen, wenn die Rakete loszischte. Wir kamen uns vor, als ob wir in einem Kriegsfilm mitwirkten.

Die Entwicklung der Raketen wurde immer wieder vorangetrieben, und es gab jährlich eine neue Schulung. Doch, ehrlich gesagt, manches fanden wir technisch nicht ganz ausgereift.

Jedes Jahr im Frühjahr wurden die neuen Raketen ausgeliefert – mit neuen Vorschriften zum Transport, wie zum Beispiel Fahrgeschwindigkeit und Verpackung. Da hieß es in einem Jahr, man dürfe wegen der Explosionsgefahr nicht schneller fahren als 30 km/h, im nächsten wieder sollte man mindestens 50 km/h fahren – wegen der Gefahr eines Auffahrunfalls. Wie wir die Raketen allerdings auf den Berg bringen sollten, wurde uns selbst überlassen: Hans hat sie mit dem Haflinger über Stock, Stein und Wurzeln zu uns hinaufbefördert, allerdings gut eingepackt. Was wäre uns auch anderes übrig geblieben?

In einem Jahr wurde uns mitgeteilt, die neu entwickelten Raketen der aktuellen Serie würden besonders schnell zünden. Es sei also erhöhte Vorsicht geboten. Die erste Rakete dieser Bauart, die Hans gezündet hat, war so rasant, dass sie noch in der Rampe selbst explodiert ist. Der Hans in seinem Unterstand hat gedacht, die Rakete wäre schon weg, und ist hingeeilt, um die zweite einzuführen. Da hat er gesehen, dass gar keine Rampe mehr da war, denn die war gleich zusammen mit der Rakete in die Luft geflogen!

Diese Serie wurde schnell wieder eingezogen, da die Flugkörper ihr Ziel nie erreicht haben. Es waren lauter

»Rohrkrepierer«. Zum Ausgleich dafür hat eine andere Serie gar nicht gezündet. Das ist mir passiert. Ich habe heftig am Dynamo gekurbelt, nichts hat sich bewegt. Neugierig habe ich durch die Luke nach draußen gespäht. Nichts! Was sollte ich tun? Einfach stehen lassen konnte ich die Rakete natürlich nicht. Also habe ich das Kabel vom Dynamo abgeklemmt und mehrmals wie mit einem Kuhschwanz damit gewackelt. Nichts! Da ist mir nichts anderes übrig geblieben, als das Kabel an der Rakete selbst zu entfernen. Da hat mir schon der Angstschweiß auf der Stirn gestanden, und ich habe einige Vaterunser gebetet, dass sie nicht gerade in diesem Moment explodiert.

Doch es musste geschossen werden, und so habe ich klopfenden Herzens die nächste Rakete aus dem Keller geholt. Die hat dann auch richtig funktioniert und ist abgezischt, der Wetterhexe entgegen.

1978 wurde die Hagelabwehr mittels Raketen aus Sicherheitsgründen, aber auch wegen des zunehmenden Flugverkehrs eingestellt. Dafür gab es jetzt so genannte Bodengeneratoren.

Bei diesem Verfahren wurde das Silberjodid vom Boden aus mit Gas abgefackelt. Dazu stand auf einer Betonplattform ein Behälter mit Silberjodid. Aus Gasflaschen wurde mittels einer Leitung der Brennstoff zugeführt. Durch einen Brennkopf wurde das Silberjodid abgefackelt und sollte in den Himmel aufsteigen. Ob das wirklich funktioniert hat, war uns nie ganz klar. Jedenfalls hat es bei dieser Methode nach unseren Beobachtungen nie so richtig geregnet wie nach dem Abschuss der Hagelraketen. Diese hatten schon ihre Wirkung gehabt, und drunten im Tal hatte man oft gesagt:

»Der Brünnsteiner hat mit de Raketen g'schossen, na passiert scho nix.«

Oft wurden wir von Gästen gefragt, was die flackernde Flamme des Bodengenerators vor dem Haus bedeute. Kein Mensch glaubte uns, dass diese zur Hagelabwehr diente! Deshalb haben wir oft aus Spaß gesagt, das wäre eine Versuchsstation, und es wäre Erdgas auf dem Brünnstein gefunden worden. Das haben die Leute dann geglaubt und gestaunt! Mit dieser Erklärung waren sie zufrieden, und es war jeweils ein kurzes Gespräch für den Hans.

Heute übernehmen die Hagelabwehr Kleinflugzeuge, die die Wolken aus der Luft mit Silberjodid impfen.

Einmal, noch zur Zeit der Raketen, hat mich der Hans zum jährlichen Essen der Raketenschützen mitgenommen. Mein Gott, war mir das peinlich, als ich in den Saal kam. Lauter Männer und ich die einzige Frau! Die würden doch nicht etwa meinen, ich käme wegen des Freibiers vom Berg herunter! Aber es hatte einen ganz anderen Grund, dass mich der Hans mitgenommen hatte. Ich wurde nämlich als »Raketenfrau« geehrt und habe als Anerkennung für meine Dienste zur Verhinderung von Unwettern ein Bierkrügerl geschenkt bekommen, und in der Zeitung ist es auch noch gestanden!

Neben den Lawinen und den Schneebrettern sind in den Bergen vor allem Steinschläge und Felsstürze gefürchtet.

Einmal ist während eines Urlaubes direkt oberhalb des Hauses ein riesiger Felsbrocken aus der Wand gebrochen. Er ist dabei geborsten und links und rechts am

Haus vorbeigepoltert. Gegen die Gewalt dieses Felsblocks war der Lawinenschutzwall mit den Bäumen machtlos. Dieser Felssturz hat Bäume mitgerissen und den Gartenzaun, kurzum alles, was ihm im Weg gestanden hat. Nicht auszudenken, was passiert wäre, wenn der Fels auf das Haus gefallen wäre. An dieser hinteren Seite befanden sich die Gas- und Wasserleitungen, und ausnahmsweise einmal hat sich niemand im Haus aufgehalten, der einen Schaden hätte bemerken können. Während eines Urlaubs mussten wir immer jemanden haben, der das Haus hütete, das war eine der Vorschriften in unserem Pachtvertrag. Dieses Mal hatte die Vertretung unser Almnachbar Manfred übernommen. Er hatte das Haus am späten Nachmittag verlassen, und wir sind am Abend im Dunkeln hinaufgekommen. Genau während dieses kurzen Zeitraumes ist der Felsen heruntergebrochen. Erst am nächsten Morgen haben wir das Unheil entdeckt. Das Haus ist wie durch ein Wunder unversehrt geblieben.

So ist das Brünnsteinhaus trotz all dieser geschilderten Vorkommnisse immer einigermaßen glimpflich davongekommen, und das, obwohl man bei der Einweihung 1894 sträflicherweise nur an das Freibier und nicht an den kirchlichen Segen gedacht hatte. Das kann nicht gut gehen, hatte man immer wieder hinter der vorgehaltenen Hand gemunkelt, und so wurde die kirchliche Weihe 1971 endlich nachgeholt.

Tatsächlich ist seither kein größeres Unglück mehr geschehen. Wollen wir hoffen, dass es so bleibt und das Haus noch lange droben steht, unter dem Gipfel.

10. Kapitel

Kindermund tut Wahrheit kund

Hüttenwirtin und Mutter

1968, als wir auf den Brünnstein gingen, war unsere Johanna dreieinhalb Jahre alt, und natürlich haben wir sie mit hinauf auf den Berg genommen. Das ist damals noch ganz gut gegangen, auch wenn unsere Wohnverhältnisse recht einfach waren. Drei oder vier Kinder, wie der Hans und ich das am liebsten gehabt hätten, waren unter diesen Umständen nicht möglich. Aber sollte die Johanna als Einzelkind aufwachsen? Nein, das kam nicht in Frage, zwei sollten es schon sein. So wurde ich, als wir im ersten Jahr oben waren, wieder schwanger.

Der Geburtstermin war für Anfang April 1969 berechnet. Da liegt meist noch Schnee droben, und wir hatten uns schon Gedanken darüber gemacht, wie wir zurechtkommen würden, sollte es mit der Geburt unerwartet schnell gehen. Wer sollte da den Geburtshelfer machen?

So gegen Ende März wurde ich doch recht unruhig und wollte hinunter ins Tal. Doch wie sollte das geschehen? Der Schnee lag noch einen halben Meter hoch, und unter den gegebenen Verhältnissen war es für mich unmöglich, zu Fuß zu gehen. Denn es gab ja keinen festen Weg, sondern nur einen Trampelpfad, in den man immer wieder wadentief einbrach. So blieb nichts anderes übrig, als dass ich, hochschwanger wie ich war, im Akja hinuntergebracht werden musste.

Der Hans und unser Freund, der Wendlinger Franz, wollten diesen Dienst übernehmen. Heute wäre es selbstverständlich, dass ein Hubschrauber den Transport übernimmt, aber damals war an so etwas Luxuriöses nicht zu denken.

So wurde ich also in den Akja gepackt, festgeschnürt, und die beiden Männer, der Hans vorne und der Franz hinten, haben ihn, mit mir als Fracht, vorsichtig hinuntergezogen, sogar teilweise getragen, damit unterwegs ja nichts passiert.

So eilig wäre es dann doch nicht gewesen, denn unsere Karin wurde erst am 20. April geboren. Inzwischen war der Schnee geschmolzen, und ich hätte auch mit dem Auto hinuntergebracht werden können. Aber wer konnte das schon wissen? Oft lag der Schnee ja noch bis tief in den Mai, und ich war keinesfalls erpicht darauf, droben ohne fachmännische Hilfe oder Hebamme entbinden zu müssen.

Zwei Wochen nach der Geburt war ich dann wieder mit meinen beiden Kindern droben auf dem Brünnstein bei der Arbeit. Mit Hilfe von verschiedenen Seiten war es zu bewältigen, auch wenn es nicht einfach war mit Stillen, Windelnwechseln und -waschen. Denn Einwegwindeln waren damals noch nicht aktuell, und die Windeln mussten ausgekocht und gewaschen werden.

Die kleine Karin lag meist ruhig schlafend auf dem Kanapee in der Küche, aber nur solange um sie herum Betrieb und Lärm herrschten. Sobald es ruhig wurde, ist sie munter geworden. Gelegentlich hat sich auch einer der Gäste, egal ob männlich oder weiblich, um sie gekümmert und sie ein bisschen herumgetragen, wenn ich mit der Wirtschaft gar zu beschäftigt war.

Ein Jahr später, 1970, ging es mit dem großen Umbau los. Der erste und zweite Stock wurden ganz abgetragen und neu aufgebaut. Jetzt war es unmöglich, die kleinen Kinder oben am Berg zu behalten.

Meine Schwiegermutter hat im Gut Rechenau gewohnt, das der Industriellenfamilie Sachs gehört und auf halbem Weg zum Brünnstein liegt. Es besteht aus mehreren Wohn- und Betriebsgebäuden, auch für das Personal, die Forstleute und die Jäger, und wirkt wie ein kleines Dorf. Sogar eine eigene kleine Kirche gibt es da.

Der Hans ist dort aufgewachsen. Während seiner Kindheit, zur Zeit des alten Konsuls Sachs, war die »Rechenau« noch viel mehr bevölkert. An die 20 Kinder haben damals dort gelebt. Es hat sogar eine eigene, kleine private Schule gegeben, in der die Kinder bis zur vierten Klasse von einer Lehrerin unterrichtet worden sind. Erst dann haben sie nach Oberaudorf hinunter in die Schule gehen müssen. Nach der Pensionierung dieser Frau hat man die Schule aufgelöst, und die Kinder sind von der ersten Klasse an hinunter in die gemeindliche Volksschule gegangen.

Dort also wohnte meine Schwiegermutter, die Witwe war. Ihr Mann hatte zu Lebzeiten als Forstarbeiter bei der Familie Sachs gearbeitet, und sie hatte dort das Wohnrecht behalten. Die Oma war bereit, unsere zwei kleinen Mädchen unter der Woche zu sich zu nehmen, insbesondere da die Johanna im Herbst eingeschult werden sollte.

Es hat gut geklappt mit der Oma, und ich bin ihr heute noch dankbar für die Liebe, die Zeit und die Mühe, die sie für unsere Kinder aufgebracht hat, auch wenn ich in Erziehungsfragen oft einmal habe nachgeben müssen. Wir waren halt nicht immer der gleichen Meinung, und dann muss man Kompromisse schließen. Aber das ist auch in anderen Familien so, die in der Kindererziehung auf Hilfe angewiesen sind. Kinder finden ja sehr schnell heraus, wie sie die Oma und die Mama behandeln und auch gegeneinander ausspielen müssen, um ihren Kopf durchzusetzen. Da waren die meinen nicht anders als andere Kinder auch.

Es war schlimm für mich, die zwei über die Woche wegzugeben. Vor allem die kleine Karin entwöhnte sich schnell, fremdelte sogar manchmal und klammerte sich an die Oma, wenn ich unter der Woche gelegentlich hinunterkam, um sie zu besuchen. Das tat schon weh, aber was blieb uns anderes übrig? Wir waren so froh über diese Lösung, und die Oma hatte mehr Zeit für die beiden, als ich sie je gehabt hätte. Außerdem sollte es nur für ein paar Jahre sein!

An den Wochenenden, wenn schulfrei war, haben wir die Kinder hinauf ins Brünnsteinhaus geholt und am Sonntagabend wieder in die Rechenau gebracht.

Viel Zeit hatte ich nicht für meine Kinder, oft nicht einmal am Wochenende – bei dem Gastbetrieb, den wir meistens hatten. Das hat mir oft zu schaffen gemacht, und es tut mir heute noch weh, wenn ich daran denke.

In den Ferien und auch an den Wochenenden hingegen hatte ich zusätzlich zu den eigenen oft viele andere Kinder oben. Nichten, Neffen, Freunde und Schulkameraden meiner Töchter, und manchmal ist es schon recht lebhaft zugegangen. In der Küche haben dann unter dem Ofen ganze Batterien von Schuhen und Gummistiefeln gestanden, und das Kanapee war überladen mit all den Jacken, Pullovern, Mützen und Handschuhen.

Für die Kinder waren die Ferien auf dem Brünnstein schon eine schöne Zeit. Immer war etwas los, und die viele frische Luft und das unbeschwerte Herumtoben im Freien haben ihnen gut getan. Damals war es ja noch nicht allgemein üblich, dass man in den Ferien mit den Eltern auf Reisen geht, manchmal mit dem Flugzeug fast um die halbe Welt. Ob die Kinder heute mit diesen anstrengenden Reisen glücklicher sind, als es die meinen und ihre Freunde damals auf dem Brünnstein waren? Es ist eben eine andere Zeit heute.

Die Johanna hat sich auf dem Brünnstein immer heimisch gefühlt und später, als junges Mädel, droben gearbeitet und geholfen, ja, sie hat auf dem Brünnsteinhaus sogar eine Hauswirtschaftslehre gemacht. Denn ich hatte die Genehmigung zur Ausbildung zur »Hauswirtschafterin im städtischen Bereich« bekommen. Darüber haben wir uns, mit unserer Bergwirtschaft, schon recht amüsiert. Aber andernfalls hätten wir eine Landwirtschaft vorweisen müssen. Die Abfassung der Wochenberichte für die Berufsschule war immer recht kompliziert, denn viele der Arbeiten bei uns droben hatten in einem Bericht über die »städtische Hauswirtschaft« eigentlich gar nichts zu suchen.

Nach dem Abschluss ihrer Lehre blieb die Johanna bei uns heroben auf dem Berg. Das war für mich eine große Hilfe und Erleichterung. Sie war bei den Gästen sehr beliebt und kannte viele von Kindheit an, denn schon als kleines Mädchen hielt sie sich gerne in der Gaststube auf.

Sie war recht neugierig, wollte alles wissen und wurde auch viel gefragt. Einmal kam ein Gast mit einem amputierten Bein. Johanna umkreiste ihn mehrere Male, musterte ihn lange prüfend, dann fragte sie ganz ungeniert und in schönstem Bayerisch: »Du, Mo! Wo hast'n du dein' anderen Haxn, ha?«

Ein andermal hatten Gäste in der Stube Brotzeit gemacht. Der Mann nahm das Tischtuch und wollte es draußen vor dem Haus ausschütteln. Die Johanna, scharf wie ein Schießhund, hat das beobachtet, lief sofort hinterher und meinte aufgebracht:

»Du, die Tischdecken derfst ned mitnehmen, die g'hört uns!«

Oft stellte sie sich auch an die Gartentür und rief den Leuten, die im Garten saßen und ihre mitgebrachte Brotzeit verzehrten, zu:

»Kommt's nur rein zu uns, da gibt's was Gutes zum Essen!«, wobei die Betonung auf »gut« lag.

Immer war es freilich nicht zum Lachen, was sie so von sich gab. Da saß einmal draußen auf der Veranda eine ganze Runde Almbauern. Der Hans hat sich auch dazu gesetzt, und es wurde ausgiebig »dischkriert«. Die Johanna drückte sich dauernd um den Tisch, horchte zu, verstand aber nichts. Offensichtlich hat ihr die ganze Rederei zu lange gedauert, denn als die Bauern endlich gingen, hat sie sich unter die Türe gestellt und die Männer mit einem »Pfüat enk, ihr Saubauern!« verabschiedet. Da hat sie vom Hans aber kräftig was aufs Hinterteil bekommen.

Wie ich schon erzählt habe, war in den Schulferien das Haus meist voll von Kindern. Auch die Kinder meiner Schwester Lisbeth, der Hansi und die Monika, waren droben. Es war Karfreitag, sehr schönes Wetter, und es waren viele Wanderer auf dem Weg.

Am Karfreitag gab es traditionsgemäß keine Fleischgerichte, sondern Kässpatzen, Kaiserschmarren, Rühreier und so weiter, alles Gerichte, die ich frisch und einzeln zubereiten musste. Schwitzend stand ich am Herd.

Auf dem Küchentisch standen zwei große Reinen mit frischen Rohrnudeln. Unsere Kinder waren es gewöhnt, zu fragen, wenn sie etwas nehmen wollten, und so ging es pausenlos:

»Mama, kriag i a Rohrnudel?«

»Ja«

»Tante Christl, kriag i a Rohrnudel?«

»Ja!«

»Mama, kriag i no a Rohrnudel?«

»Jaa!«

»Tante Christl, ich möcht auch noch a Rohrnudel!«

»Jaaa!«

So ging das einige Zeit, ich war schon recht genervt von der Arbeit und der vielen Fragerei.

»Mama, i möcht no a Rohrnudel!«

Ungeduldig gab ich zurück:

»Kinder, esst's doch, es ist ja genug da!«

Das war jetzt schon recht ungewöhnlich zu hören, und sie schauten sich erstaunt an. Da meinte die kleine Monika, mit vollen Backen kauend, zur Karin:

»Warum dürfen wir denn heut so viel essen?«

Und die Karin antwortete trocken: »Weil's nix g'wordn sind!«

Mein Neffe, der Hansi, war oft mit seiner Mutter heroben bei uns. Einmal, ich habe gerade etwas in die Speisekammer geräumt, habe ich durch das offene Fenster gehört, wie der Hansi von Gästen regelrecht ausgefragt worden ist. Offensichtlich haben sie gemeint, er sei der Sohn der Wirtsleute. Geduldig und brav hat er Auskunft gegeben. Als sie dann gefragt haben, wie es denn mit dem Schulweg wäre, da hat der Hansi ganz locker gemeint:

»Kein Problem, fünf Minuten über die Wiese, und ich bin da!«

Der Hansi hat nämlich in Oberaudorf gewohnt, tatsächlich nur fünf Minuten von der Schule entfernt. Daraufhin haben die Gäste nicht mehr viel gefragt. Wahrscheinlich haben sie gedacht, der Bub wär' wohl nicht ganz richtig im Kopf.

Einmal hat die Lisbeth geklagt, der Hansi würde jedes Mal, wenn sie vom Brünnstein zurück nach Hause kämen, unter schwerem Durchfall leiden. Lange haben wir gerätselt, woher das wohl kommen könnte, bis wir ihn endlich erwischt haben: Hinter dem Haus haben die Tragl mit den leeren Weißbierflaschen gestanden, und der Hansi hat sich dort hingeschlichen und mit Genuss die restliche Hefe aus den Bierflaschen gezuzelt. Hefe scheint offenbar recht gut für die Verdauung zu sein. Zumindest beim Hansi hat es gewirkt.

Einmal hat der Hansi mit dem Franz in einem Zimmer schlafen müssen. Schon in der Nacht ist er ausgewandert und mit seinem Bettzeug zur Lisbeth, seiner Mutter, geschlichen.

Am Morgen ist er ganz unausgeschlafen in die Gaststube gekommen und hat die Traudl, die mit ihrem

Mann beim Frühstück saß, gefragt: »Du, Traudl, hast du schon mal mit dem Franz g'schlafen?«

Die Traudl sah den Buben erstaunt an, und die anderen am Tisch lachten.

»Warum willst du das denn wissen, Hansi?«, fragte die Traudl amüsiert zurück.

»Weil, des tät ich dir nämlich ned raten, so wie der schnarcht!«

Die Johanna und der Hansi haben schon im zarten Alter ausgemacht, dass sie später einmal heiraten wollten. Da erklärte ich ihnen, dass das nicht möglich sei, da Verwandte nicht heiraten dürften. Da war die Johanna recht traurig. Ein paar Tage später kam sie jedoch triumphierend zu mir: »Mama, der Hansi und ich können schon heiraten. Wir haben das der Inge W. erzählt, und die hat gesagt, wir sollen an den Papst schreiben, der regelt das dann schon.«

Die Heiratspläne haben sich dann im Laufe der Jahre zum Glück zerschlagen, auch wenn sich die beiden noch heute gut verstehen.

Einesteils war das Leben für die Kinder droben auf dem Brünnsteinhaus ein Paradies. Denn die meiste Zeit über waren sie in der freien Natur. Und was sie alles angeschleppt haben an Kaulquappen, Fröschen, Käfern und anderem Getier! Immer war etwas los!

Andrerseits wurde es als selbstverständlich angesehen, dass sie schon früh, wenn Not am Mann war, helfen mussten, sei es beim Abtrocknen, beim Tischeabräumen, Ansichtskarten stempeln, Servietten falten und anderen Hilfsarbeiten. Für solche Arbeiten ist dann jeweils ein kleiner Lohn ausgesetzt worden.

Auch mit den Kindern der Gäste gab es manches lustige Erlebnis. Einmal war der Bub eines bekannten und wohlhabenden Münchner Geschäftsmannes bei uns. Recht langweilig war es dem Toni bei dem schlechten Wetter. Da fragte ich ihn, ob er nicht Lust hätte, einen Packen Ansichtskarten mit dem Hüttenstempel abzustempeln.

Ganz Geschäftsmann, wie sein Vater, fragte er gleich, was es dafür gäbe. 50 Pfennig für 100 Karten war der Tarif. Da überlegte er nicht lange, rechnete seinen Verdienst in Schokoriegel um und machte sich sofort an die Arbeit, während seine kleine Begleiterin, die Magdalena, die Nase rümpfte und schnippisch meinte: »Für so wenig Geld arbeite ich nicht!«

Wir hatten natürlich auch Süßigkeiten zu verkaufen, unter anderem Lutscher, die damals fünf Pfennige kosteten. Es war Ferienzeit, und viele Eltern waren mit ihren Kindern heroben. Plötzlich wurden die »Fünferl-Lutscher« entdeckt, und ein Kind nach dem anderen kam daher:

»Ich möchte zwei Lutscher.« ... »Ich möchte fünf Lutscher.« ... »Ich möchte drei Lutscher!«

Dann legte mir ein kleiner Blondschopf, vermutlich in den ersten Klassen der Volksschule, eine ganze Mark auf den Tisch und verlangte dafür Lutscher.

Jetzt erwachte in mir die Lehrerin, und ich fragte ihn: »Wie viele Lutscher bekommst du denn dafür?«

Die Augen wurden groß, und er schaute mich an.

»Jetzt rechne doch einmal aus!«, ermunterte ich ihn. »Ein Lutscher kostet fünf Pfennig, dann kosten zwei Lutscher zehn Pfennig. Wie viel bekommst du dann für eine Mark?«

Die Augen wurden immer größer, die Verlegenheit auch, ich sah es förmlich aus seinem Kopf rauchen. Er rechnete und rechnete, und ich versuchte nachsichtig, ihm auf die Sprünge zu helfen.

Hinter ihm stand ein größerer Bub, der schon ungeduldig darauf wartete, sein Geld ebenfalls loszuwerden.

Als der kleine Rechenkünstler immer noch zu keinem Ergebnis kam, stupste er ihn an: »Jetzt sag ihr halt, dass du ned zum Rechnen da bist! Des muss sie schon selber wissen, wie viele Lutscher das sind!«

Aus Kindern werden Leute. Als die Johanna dann in das Alter kam, in dem sie auch gerne mal abends weggegangen wäre, standen wir natürlich vor einem Problem. Der Hans musste sie dann gelegentlich zu einer Veranstaltung ins Tal hinunterfahren und dort auf sie warten, bis es Zeit zum Heimfahren wurde, oder sie konnte druntenbleiben bei einer Tante. Freundinnen, so wie andere Kinder sie haben, hatten meine beiden Töchter kaum. Um Freundschaften zu schließen, hatten sie wenig Gelegenheit, da sie nach der Schule gleich wieder auf die Rechenau gebracht wurden und am Wochenende auf dem Brünnstein waren. So war es nur selbstverständlich, dass die Johanna mit 18 Jahren ihren Führerschein hatte. Bald fuhr sie besser und mutiger als ich, und auch mit dem Aufziehen der Schneeketten hatte sie keinerlei Probleme. Da hat so mancher junge Bursch gestaunt, wie schnell sie das konnte. Das bringt so ein Leben auf dem Berg mit sich, man muss sich mit vielem helfen können.

Auch für die Karin, die nach der Schule bei der Oma in der Rechenau blieb und ihre kaufmännische Lehre in

Rosenheim machte, war es nicht einfach, täglich frühmorgens zum Bahnhof zu kommen.

Im Sommer fuhr sie den langen Weg mit dem Moped,
den Winter über wohnte sie bei meiner Schwester Toni
in Oberaudorf. Ja, sie mussten schon früh selbstständig
sein, meine Kinder.

Heute sind beide längst verheiratet. Trotzdem haben
sie immer, wenn es nötig war, geholfen. Auch die Karin
hat, obwohl sie nicht Hauswirtschafterin gelernt hatte,
ihr »Pflichtjahr«, wie wir es humorvoll nennen, droben
auf dem Brünnsteinhaus absolviert und sogar ihre Ar-
beitsstelle aufgegeben, als ich einen Sommer lang aus
gesundheitlichen Gründen oft ausgefallen bin. Und sie
hat ihre Sache gut gemacht.

Der Zusammenhalt in einer Familie ist sehr wichtig
und absolut notwendig, wenn man ein Leben auf dem
Berg meistern will, so wie wir es gemacht haben. Ich
weiß, dass das keinesfalls eine Selbstverständlichkeit ist.
Ich schätze es und bin dankbar dafür.

11. Kapitel

Alles hat ein Ende

Abschied vom Brünnsteinhaus

Am 30. Juni 2001 war es dann so weit: Unser letzter Arbeitstag droben am Berg war angebrochen. Aus den geplanten zehn waren doch mehr als 33 Jahre geworden!

Es war an der Zeit, zu gehen. Die Belastungen der vielen Jahre hatten ihren Tribut verlangt, beim Hans und auch bei mir. Die Bandscheiben, die Hüften und die Knie waren recht marode geworden, und auch sonst begann uns so manches Zipperlein zu plagen. Man war eben nicht mehr so belastbar wie früher, das spürte man allenthalben.

Im Laufe der Jahre hatte es für uns immer wieder Angebote gegeben, anderswo als Wirtsleute zu arbeiten, so zum Beispiel auf der Buchau, im Schützenheim oder auf anderen Hütten, aber der Brünnstein hat uns einfach nicht mehr losgelassen. Während der ganzen Jahre, in denen wir dort oben waren, wurde renoviert, umgebaut und verbessert, und heute ist das Brünnsteinhaus eigentlich keine typische »Berghütte« mehr, sondern ein respektables Haus mit allem Komfort. Das hat manche Arbeit zwar leichter, dafür den Abschied umso schwerer gemacht.

Die Alpenvereinssektion Rosenheim hat uns einen schönen Abschied bereitet: Am Freitagabend gab es ein Fest mit einer Tanzlmusi, zu dem unsere ehemaligen hilfreichen Geister, Nachbarn von den Almen, kurz alle, die uns und dem Brünnsteinhaus verbunden waren, eingeladen waren.

Am Sonntag folgte dann bei strahlendem Wetter ein Dankgottesdienst, zu dem viele Gäste auf den Brünnstein kamen. Im Freien war ein Altar aufgebaut, der von unseren Rosenheimer Stammgästen auf das Schönste geschmückt worden war, und die »Audorfer Sängerinnen« haben die Messe musikalisch umrahmt.

Anschließend wurde im Haus und im Garten gefeiert und gegessen, Musikanten haben gespielt, fast hatte ich zu wenig gekocht für die vielen Leute, die zu unserem Abschied auf den Brünnstein gekommen waren. Denn selbst zu kochen zu unserem Lebewohl – das habe ich mir nicht nehmen lassen.

Die Tage zuvor waren so turbulent gewesen, dass ich gar nicht großartig zum Nachdenken über unseren bevorstehenden Abschied gekommen war. Erst als sich am Abend ein Gast mit den Worten: »Pfüat di God und alles Gute, Christl, wir werden uns ja jetzt nicht mehr wiedersehen« verabschiedet hat, wurde mir schlagartig bewusst, was ich zurücklasse, wie viele unserer mir vertrauten Gäste ich nie mehr sehen und wie sich mein Leben verändern würde. Ein langer Lebensabschnitt, der wichtigste und sicher bedeutsamste in meinem Leben, war zu Ende. Dieser lieb gemeinte Abschiedsgruß traf mich wie ein Messerstich ins Herz, und das tat weh.

Trotz dieses Abschiedsschmerzes haben wir uns sehr auf unseren neuen Lebensabschnitt gefreut, wenn es auch anfangs eine große Umstellung war. Zuallererst habe ich mir ein Fahrrad gekauft – fast musste ich das Radlfahren erst wieder lernen.

Endlich war auch genügend Zeit für die Familie und die Verwandtschaft, und das genieße ich schon sehr. Der Hans ist Mitglied in vielen Vereinen, und für ihn ist es auch schön, mehr am Vereinsleben teilnehmen zu können als früher, mit den Gebirgsschützen auszurücken oder zum Singen zu gehen und bei einem »Hoagascht« mitzumachen. Das macht ihm viel Freude.

Oft werde ich gefragt, ob mir der Berg nicht recht abgeht. Natürlich tut er das, aber ich habe in meinem neuen Leben so viel zu tun und zu lernen:

Die Umstellung auf einen Zwei-Personen-Haushalt, die völlig andere Art zu kochen, daran muss man sich erst gewöhnen. Vorher haben wir meist das gegessen, was zu viel gekocht und übrig geblieben war. Jetzt probiere ich manchmal ganz neue Rezepte aus dem Kochbuch für mich und den Hans.

Sogar die Beschäftigung mit dem Computer habe ich angefangen, und das hat uns, meiner Autorin und mir, bei der Zusammenarbeit an diesem Buch sehr geholfen.

Noch immer habe ich das Gefühl, ich müsse jederzeit parat sein, in der Nähe des Telefons, oder hören, ob die Haustür geht. Auch daran hab ich mich gewöhnen müssen, dass immer genügend Strom vorhanden ist und ich den Verbrauch nicht einteilen muss.

Der Mensch ist ein Gewohnheitstier, und was man so viele Jahre gemacht hat und was einem in Fleisch und

Blut übergegangen ist, kann man nicht so leicht ablegen. Doch es wird allmählich besser. Endlich mehr Zeit für mich selbst zu haben, neue Interessen zu entdecken, ein bisschen mit dem Hans zusammen auf Reisen zu gehen – das alles sind neue und schöne Erfahrungen, wobei die Letztgenannte vielleicht die schönste ist.

Gelegentlich kommen wir auch noch hinauf auf den Brünnstein, nicht mehr zu Fuß, das wäre zu anstrengend, aber mit dem Geländewagen. Den haben wir behalten, denn in einem normalen Auto fühlen wir uns gar nicht wohl, so sehr haben wir uns an dieses Fahrzeug gewöhnt. Inzwischen kommt man sehr gut hinauf, da der Weg zum Brünnsteinhaus im Zuge der Stromkabelverlegung ausgebaut wurde. Dies ist allerdings erst nach unserer Zeit geschehen.

Wenn ich heute ins Brünnsteinhaus komme, muss ich darauf achten, dass ich mich wie ein Gast benehme. Es ist eben nicht mehr mein Haus.

Aus alter Gewohnheit möchte man manchmal den einen oder anderen Handgriff tun oder von Tisch zu Tisch gehen, wie früher, um bekannte Gäste zu begrüßen. Aber das ist vorbei, und das muss man akzeptieren.

Jetzt sind andere die Wirtsleute droben, und die haben jetzt das Sagen. Jetzt ist es »ihr Haus«, sie bewirtschaften es auf ihre Art, und sie machen es gut.

Nicht nur die Wirtsleute auf dem Brünnstein, auch viele Senner auf den Almen haben sich in den letzten Jahren verabschiedet. Es war wohl an der Zeit für einen allgemeinen Generationswechsel. Eine neue Ära hat begonnen. Ob sie auch 33 Jahre dauern wird wie die unsere?

Nachwort

Gibt es Zufälle im Leben oder ist alles Vorsehung? 33 Jahre war ich Hüttenwirtin auf dem Brünnsteinhaus, und ich habe manches erlebt in dieser Zeit. Oft hatte ich daran gedacht, diese Erinnerungen in einem Buch aufzuschreiben.

Aber erleben und erzählen ist das eine, es in eine literarische Form zu bringen das andere. Fast hatte ich meinen Vorsatz schon aufgegeben.

Da begegnete ich bei einem Kurzurlaub der Autorin Viktoria Schwenger. Am letzten Tag, bei der letzten Wanderung, kamen wir ins Gespräch. So entstand unsere Zusammenarbeit, und das Ergebnis dieser Arbeit liegt hiermit vor: meine Erinnerungen an mein Leben als Hüttenwirtin.

Ich widme dieses Buch den vielen Helfern, die mich während der langen Jahre droben am Berg unterstützt haben. Manche von ihnen sind leider nicht mehr unter uns. Im Besonderen soll es eine Erinnerung für meine Töchter Johanna und Karin an ihre Kindheit und Jugend sein, an das Leben im Brünnsteinhaus und an ihre Eltern, sowie für meinen Enkel Christoph an seine Brünnstein-Oma.

Oberaudorf, im Herbst 2004   *Christl Seebacher*

Christl und Hans Seebacher bei ihrem Abschied vom Brünnsteinhaus im Jahr 2001.

Tierischer Familienzuwachs: Nach dem Tod ihrer Mutter wurde Hirschkuh Susi von Seebachers mit der Flasche großgezogen.